网红经济
3.0
WANG HONG ECONOMY

一本剖析网红经济3.0的商业前沿著作

个人、企业及电商决胜网红经济的关键技巧和模式
解密网红经济、网红盈利渠道与商业价值打造的顶级秘诀

网红经济 3.0

李世化 / 著

中国商业出版社

图书在版编目（CIP）数据

网红经济 3.0 / 李世化著 . —北京：中国商业出版社，2017.5

ISBN 978-7-5044-9828-1

Ⅰ . ①网… Ⅱ . ①李… Ⅲ . ①网络营销 – 研究 Ⅳ . ① F713.365.2

中国版本图书馆 CIP 数据核字 (2017) 第 078917 号

责任编辑：唐伟荣

中国商业出版社出版发行
010-63180647　　www.c-cbook.com
(100053　北京广安门内报国寺 1 号)
新华书店经销
北京时捷印刷有限公司印刷

*

710×1000 毫米　1/16　16.5 印张　220 千字
2017 年 6 月第 1 版　　2017 年 6 月第 1 次印刷
定价：45.00 元

*　*　*

（如有印装质量问题可更换）

前 言
PREFACE

2016年，网红这个词汇被广大网友熟知，并在现实中得到了高热度传播。对于大多数人来说，网红这个词汇非常地具象，那就是有着锥子脸、大眼睛、一字眉，每天发着PS后的美照，每张PS照片下面均附有一条淘宝购物链接的电商达人；还有一些人会联想到天王嫂、朝阳V姐、秀场主播们；再久远一些，则是芙蓉姐姐、凤姐等等。

2016年，网红这个词汇被赋予了新的形象和特征，而引领巨变风潮的就是主打短视频吐槽的papi酱。这是一个在网友眼中集美貌和才华于一身的女子，平均半周就会更新一条颇有笑点的视频，通过打赏的形式在每个平台的自媒体账号均能获得几千上万元的直接收入。papi酱已成功融资1200万元，首次广告拍卖价2200万元。网红经济的火爆让人们始料未及，在一片惊讶和质疑声中，网红经济已站在时代的风口之上。

事实上，网红这个概念在互联网中早已出现，只不过表现形式各有不同。早期的dodolook、芙蓉姐姐、凤姐，乃至后来打色情擦边球的兽兽，他们大多数都是以炒作提高知名度为主要目的。这个时期的网红可以概括地统称为网红1.0时期，主要特征就是通过采取自黑和恶搞的手段，积攒虚拟的网络人气，以此满足其个人的出名需求，而网红本身盈利能力极其有限。

网红经济3.0

之后微博的兴起，开启了网红2.0时期。网络红人以朝阳V姐、外围、嫩模、传统秀场主播们为主力军，他们以美色制造吸睛效应。郭美美、干露露成为这个时代最知名的网红，其次是主打美色经济的秀场主播们。然而，网红的各种负面事件相继爆光，使得网红与低俗媚俗绑定到了一起，网红一词被彻底贬义化。尽管这个时期网红辈出，但仍然是网红发展的低谷阶段。

随着移动互联网的兴盛，美拍等短视频直播平台崛起，为网红的兴起提供了通畅的渠道，大众开始接受美拍短视频和全景直播，加上网络监管的加强，一些低俗媚俗的内容被有效拦截，网民的审美水平进一步提高，开始接受一系列优质有趣或者具有审美情趣的网红。网红开始从负面的沼泽中艰难挣脱，逐渐去贬义化。

进入网红3.0时期，新网红通过圈粉形成巨大的流量，在移动互联网时代网红的变现能力得到极大的提高。不论是通过美拍等直播短视频的平台，依靠平台变现；还是通过社交媒体，依靠结合自身优势做电商变现，网红3.0时期的变现能力都得到跨越式发展，正式进入到吸金时代。

艺术家安迪·沃霍尔曾经作出过两个相互关联的预言："每个人都可能在15分钟内出名"，"每个人都能出名15分钟"。这一共15分钟的时间，既能打造一位名人，也能让一位名人消失。这一著名的"15分钟定律"被奉为网红界的圭臬。然而这种理论有一定的误导成分，并不是说网红只要15分钟就可以爆红，事实上，这看似15分钟的爆红，可能背后是数年无人问津的积累和沉淀。

细心的网友会发现，papi酱的走红路线与10年前火爆一时的dodolook极为相似，papi酱几乎复制了网红1.0时期前辈dodolook的成名路径，成为2016年的第一网红。

而抛开宿命论，纵观papi酱的成名路线，Papi酱早期的微博多为段子和

gif，2014年7月papi酱开始陆续发布短视频，内容输出以相对常见的无厘头恶搞视频为主。在视频输出的过程中，她的风格不断突变，并且始终与粉丝保持互动。直至2015年10月，她开始利用变音器发布原创短视频内容。自此以后，papi酱在各大内容平台的人气都一路高涨，在短短两个月的时间内迅速积累了几百万粉丝，并最终引爆互联网成为了现象级网红。可以说，papi酱是通过长期的积累、沉淀才形成现在的风格，才能最终爆红于网络。

所谓的长期积累，其实是网红自我价值体系建设和输出的过程。papi酱的走红是因其独具个人特色的内容输出和价值观传递，而dodolook也是如此。同样是网红，我们不免想到，为何早期的芙蓉姐姐和凤姐只能跨界转型，未想到依靠内容积累而崛起？本质的区别在于前者是生产内容、输出价值，而后两者在当时，只是采取单纯的吸睛模式，并无固定的价值输出。

关于网红经济质疑声最高的，莫过于网红经济是不是泡沫，会不会与互联网浪潮中出现的众多模式一般，走红三五年，继而销声匿迹、淡出江湖？就目前的发展情况来看，网红已从爆发期进入平稳期，从1.0进化到3.0，形成了独具特色的互联网商业模式，产业链不断完善，变现能力持续提高，网红经济的概念和方向已非常清晰。

总之，随着网红经济的爆发，会有更多的跟风者和资本介入网红行业。众人追捧会给行业带来哪些冲击和利弊尚难以定论，但显而易见的是，无论是网红产业还是网红个人、直播平台，竞争将会白热化。

根据互联网的历史发展规律来看，无论在哪个领域里只有做到前几名才算是成功，才能得到长足的发展。但网红却相反，网红最大的特点和弱点就是追新求变，前面的热度尚未消退，新的热浪又已袭来，前浪常被拍死在沙滩上。也就是说，现在最热的不一定能最后成功。

这是一个网红经济时代，网红来了，让我们一起学习成长……

本书无论写作手法还是内容安排，都强调以具体、实用、技巧为主，纯粹干货，希望可以摆脱空洞道理下的虚无感，而将如何利用网红经济盈利的方法充分展现出来，帮助网红、企业和商家决胜网红经济。

最后，本书想要告诉你的是，不管做什么都需要技巧，都是从学习和实践开始。翻开本书，细细品读，你会找到你想要的答案，获得你想拥有的一切。Let's try it!

目 录
CONTENTS

第1章 网红经济：互联网用户主权时代的商业新玩法
什么是网红 …………………………………………………… 002
网红群体的划分 ……………………………………………… 003
网红的三种成名路径 ………………………………………… 005
网红经济3.0的由来 …………………………………………… 006
网红经济3.0的四大优势 ……………………………………… 010
网红经济的核心：以内容塑造并强调人格化品牌 ………… 014
网红经济3.0迅速崛起的两大原因 …………………………… 017

第2章 网红商业：网红经济的商业模式及产业链
从网红1.0到网红3.0的商业化模式的转型 ………………… 022
网红经济产业链的各方参与方式 …………………………… 026
网红经济崛起的重要推手——网红孵化公司 ……………… 029
网红的全流程包装——网红经纪公司 ……………………… 034
快速进入网红经济的商业模式——资本投资 ……………… 037
最基本的商业模式——合作代言 …………………………… 041

第3章 网红个人：跻身超级网红

- 建立良好的印象：巧用"颜值"吸睛 …… 046
- 取个"一炮而红"的名字：要走红，先取名 …… 050
- 提升抗压能力：不是人人都适合做"超级网红" …… 053
- 积极应对网络上的负面信息：想出名，就别怕 …… 056
- 提高抗挫折能力：成功永远属于越挫越勇的人 …… 058
- 强力吸引粉丝：得粉丝者得天下 …… 060
- 利用社交新媒体宣传自己并与粉丝互动 …… 067
- 提高变现能力：网红经济中的长久生存之道 …… 075

第4章 网红企业：修炼成为网红企业

- 为自己注入"网红思维"：无思维不网红 …… 080
- 进行个性化形象设计：企业也需要"颜值" …… 086
- 利用媒体来宣传自己：抢占粉丝资源的一大法宝 …… 089
- 为粉丝持续输出有价值的内容：将粉丝转化为顾客的决胜武器 …… 092

第5章 超级IP：网红经济时代的新商业法则

- 什么是超级IP …… 100
- 精准定位：要做超级IP，先做强自己 …… 106
- 魅力人格体，超级IP的闪光点 …… 109
- 什么样的内容能引爆IP …… 111
- 打造超级IP，必须"贴标签" …… 114
- 网红直播：低门槛下的个人IP化 …… 118

第6章　网红电商：社交红利时代的新型电商模式

- 网红电商：电商营销模式的创新 …… 124
- 网红经济对于电商发展的三大动力 …… 127
- 网红电商蕴含的商业价值 …… 130
- 网红电商模式的落地 …… 134
- 网红+跨境电商：引爆跨境电商运营新玩法 …… 137
- 社交电商：网红经济时代的社交红利 …… 141
- "直播+网红电商"风已起 …… 145

第7章　网红推广：抢占移动互联网入口，引爆流量，留住粉丝

- 简便又快速的推广方式——把企业领袖打造成网红 …… 150
- 引导粉丝变现的推广渠道——新媒体推广 …… 155
- 网红经济的核心推广方式——粉丝推广 …… 162
- 网红推广成功的根本——内容推广 …… 167
- 实现点对点的超精准推广方式——直播推广 …… 171

第8章　网红营销：从内容网红到电商网红，网红经济3.0借势营销

- 高度符合消费逻辑的营销模式——超精准营销 …… 178
- 网红营销未来兴衰成败的关键——粉丝营销 …… 182
- 网红营销获得成功的基础——互动营销 …… 186
- 利用网红的传播优势和话题之势——借势营销 …… 190
- 最火爆的营销方式——网红+直播营销 …… 196

第9章　网红变现：打造多元化的盈利渠道

- 网红八大变现渠道大揭秘 …… 202

电商变现——网红经济主要的变现渠道 ················· 207

广告变现——网红最顶尖的变现方式 ················· 213

打赏变现——网红变现的特殊渠道 ··················· 216

粉丝变现——激活粉丝购买力，释放网红经济能量 ········· 220

直播变现——个人影响力变现的最佳渠道 ··············· 225

第10章　网红经济3.0的未来：网红模式的可持续发展路径

网红经济未来千亿级市场的瓜分者 ··················· 234

网红经济规模化发展的主要内容 ····················· 240

网红经济3.0实现持续发展的四大法则 ················· 243

网红经济3.0可持续发展需面临的四大挑战 ·············· 245

网红经济3.0未来实现的四大目标 ···················· 248

网红经济3.0可持续发展的三条路径 ··················· 250

第1章 网红经济：互联网用户主权时代的商业新玩法

网红在2015年异军突起，因其具有平民化、低成本、精准营销等特点，并展示出巨大的商业价值，受到越来越多的关注和青睐，由此催生了一种新的经济形态——网红经济3.0。本章向大家介绍网红经济3.0的由来、优势、核心和崛起的原因。

什么是网红

根据中国互联网网络信息中心（CNNIC）发布的第37次《中国互联网网络发展状况统计报告》显示，截至2015年12月，中国网民规模达6.88亿，互联网普及率达50.3%。随着互联网逐渐渗透到人们的生活中，网红作为一个特殊的群体，凭借其强大的"吸睛"和"吸金"能力引起了人们的注意。

不过，"网红"群体的越来越庞大和成员的鱼龙混杂，也让人们对"网红"这一概念产生了一些错误的理解。比如，有人认为"网红"就是整容、炫富等行为的代名词。

那么，到底什么是网红呢？

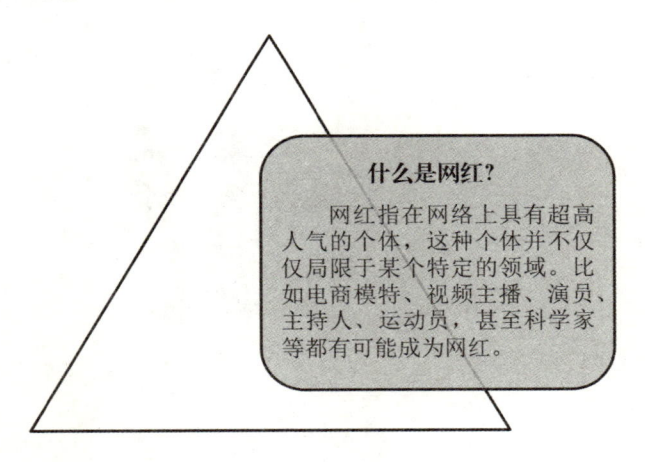

什么是网红？
网红指在网络上具有超高人气的个体，这种个体并不仅仅局限于某个特定的领域。比如电商模特、视频主播、演员、主持人、运动员，甚至科学家等都有可能成为网红。

2016年4月19日晚，根据新浪微博联合红榜发布的网红排行总榜，位于榜首、影响力最强的是2016年4月12日刚刚开通微博的国际著名物理学家霍金。

他发布的第一条微博瞬间就收获了38万的转发、40万的评论和93万的点赞,在短短几天时间里他的粉丝数量就达到了300多万。这一影响力可以说是任何网红都难以匹敌的。

在这种经济环境下,网红的出现可谓顺应了天时、地利、人和。在传统媒体时代,依靠电视等媒体的包装走红的明星群体,带来了巨大的经济价值,而互联网的发展,则使得网红群体应运而生。

相比传统媒体,移动互联网的影响力更大、传播范围更广、造星能力更强,通过微博、美拍等平台,任何一个人都有可能成为网红。

网红群体的划分

我们可以把网红群体划分为以下几大类。

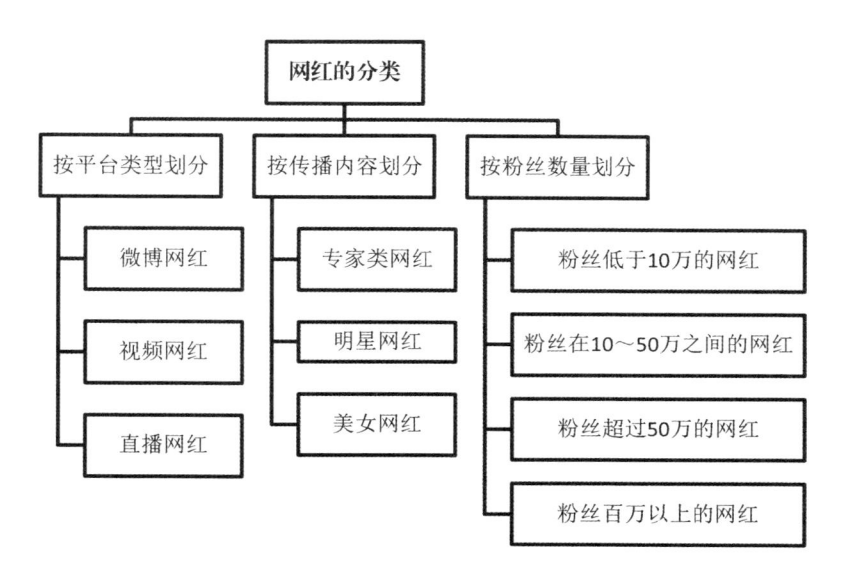

```
                    网红的分类
        ┌──────────────┼──────────────┐
   按平台类型划分    按传播内容划分    按粉丝数量划分
        │              │              │
    微博网红        专家类网红    粉丝低于10万的网红
        │              │              │
    视频网红         明星网红    粉丝在10~50万之间的网红
        │              │              │
    直播网红         美女网红    粉丝超过50万的网红
                                      │
                                粉丝百万以上的网红
```

网红经济 3.0

- **按照平台类型划分**

根据网红形成和运营维护的平台，可以将网红群体分为以下三种类型。

微博网红：主要是微博大V聚合起众多粉丝，从而成为网红。微博已成为当前最常见也是最主要的网红孵化平台。

视频网红：通过上传展示自我形象和特质的视频，使自己受到关注和追捧，从而成为网红。小咖秀、秒拍等是视频网红的主要平台。

直播网红：通过斗鱼、战旗、虎牙等直播平台与粉丝进行实时互动而成为网红。

- **按照传播内容划分**

专家类网红通过大量的网络授课，形成了在某个专业领域的影响力和知名度，并聚合起一批拥趸者。

一些明星或者在某个领域已有一定影响力的人转战互联网，将原有粉丝引流到网络平台，成为明星网红。

一些拥有美丽容颜和较好身材的模特或美女，帮助电商卖家拍照，然后将商品融入自我展示中，既帮助商家营销，又逐渐积累了自身人气，从而成为美女网红。

此外，在其他诸多领域也有受到大量粉丝关注的网红。

- **按照粉丝数量划分**

按照粉丝数量划分，主要分为：粉丝低于10万的网红、粉丝在10

万~50万之间的网红、粉丝超过50万的网红和粉丝百万以上的网红。

根据相关研究,在多数行业里,粉丝数量不超过10万的网红有接近70%是假网红;粉丝数量在10万~50万之间的属于成长型网红;拥有超过50万粉丝的网红才能算是小有名气,并具有一定的盈利能力;而粉丝数量过百万的网红就是明星级别的大网红了,具有极大的商业盈利潜力,是网红经济模式的主要人口。

网红的三种成名路径

进入2016年后,网红的范围逐渐拓宽,一些"草根"也开始利用自媒体来提高个人影响力。若以是否具有知名度和是否在线上平台有所发展为标准,下图可以清晰地表现网红的三种成名路径。

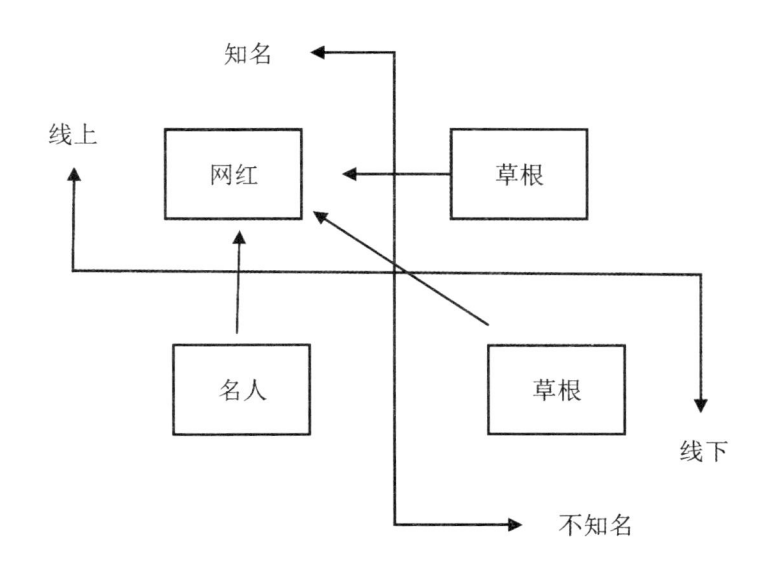

其中，在线上拥有知名度的群体为当下的网红，其他三类则是可能成为网红的三个群体类型。

从图中可以看出，网红来源于三个群体：线上草根、线下草根及名人。

名人既包括通过传统媒体走红的明星，也包括知名企业家。如今，利用网络平台走红的名人不在少数，比如"罗辑思维"的主持人罗振宇。

从默默无闻的草根变成受人追捧的网红，是对传统就业机制的挑战，说明如今的跨阶层发展正在成为普遍现象，也为普通人提供了更多的创业机会。

企业家网红的发展同样值得关注，因为这个群体不仅代表着个人，更代表着整个企业的形象，在很大程度上决定着企业在线上平台的影响力及覆盖范围，而这就需要以产品质量为保证。在国内供给侧改革正如火如荼开展的今天，这种创新式的发展模式更应该引起业内人士的注意。

网红经济3.0的由来

虽然"网红"的说法由来已久，但"网红经济"的概念却是近两年才开始出现的。这是由于从"网红"到"网红经济"的转变需要具备高质量的社交资产转化能力以及成熟的商业模式。

从前的网红仅仅在单打独斗、自娱自乐的层面，依靠粉丝的声援获得满足感。而近两年，这种情况发生了根本性的转变，网红开始重视如何将其已经累积的粉丝群体进行变现，即进行社交资产的经济价值转化。

根据淘宝发布的数据，在2014年淘宝的"双11"活动中，销量排名前十的女装店铺中网红店铺占到七成；到了2015年，同样是淘宝的"双11"活动，女装店铺中网红店铺已经占到九成。我们可以通过下面的图表直观地感受一下。

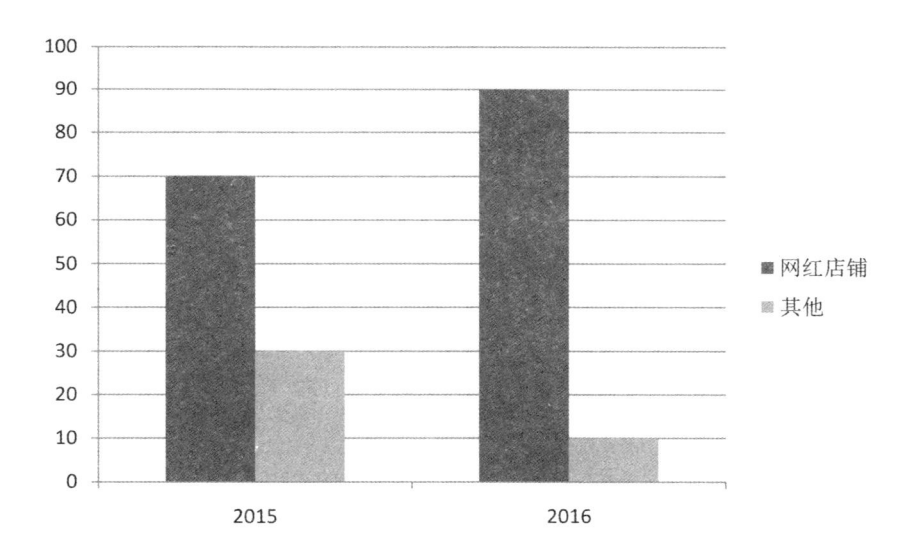

```
100
 90                                      ■
 80                                      ■
 70   ■
 60   ■
 50   ■                                       ■ 网红店铺
 40   ■       ■                              ■ 其他
 30   ■       ■
 20   ■       ■
 10   ■       ■                           ■
  0   2015                               2016
```

网红名店"娜娜的店""ALU""张大奕"等数十家店铺，在没有得到任何额外推广资源和引流的情况下，活动期间都实现了2000万～5000万元的销售额，成为淘宝"双11"女装类目的最大亮点。要知道即便在没有节日噱头的平日，这些网红店铺在每次发布新品时也能实现500万～1000万元的惊人销售额。

与此截然相反的是，一些已经十分知名的服饰品牌在近几年却出现

网红经济3.0

了股价下跌、实体店铺长期打折销售的窘境。这种鲜明对比，反映出由全新消费理念所构建出的网红经济这一新的经济模式正在散发出空前的魅力。

面对如此迅猛的"吸金"能力，网红已经不能用"小打小闹""自娱自乐"来形容了。网红经济的基础便是网红们在虚拟网络里开创出的"粉丝"效应，这种基于庞大粉丝群体的优势，让网红们在华丽转身为一个销售者的时候无疑占据了制高点。以雪梨cherie为例：

雪梨cherie出生于1990年，其新浪微博的粉丝数量为164.8万（截至2015年年底）。成为网红后，她的淘宝女装店铺在2015年净赚2亿元人民币（淘宝给出的店铺销售数据）。

从上面的数据我们可以看出，粉丝的高数量与店铺的高销售额之间一定存在必然的联系，这便是网红们的先天优势——把粉丝变为购买者，网红经济3.0便诞生于此优势之中。网红经济的规模与前景是由网红们的粉丝群体基础数量以及转化程度决定的。

关于网红经济的规模前景在网络上有这样的数据，即网红经济市场规模将会超过千亿元。我们不必纠结于这一预测数据是否准确，只需从其从业者与消费者的双重角度来看便能大体有所了解。

以目前最火热的在线直播为例，2016年直播行业的总产值在150亿元左右，2017年将会进入快速发展期。

超级网红papi酱获得真格基金、罗辑思维、光源资本和星图资本的1200万元投资。这一事件被业内人士称为网红经济圈中划时代的标志性事件，它不仅开创了网红融资的先河，更是资本大规模进入网红经济的例证。

我们再来看看以淘宝店铺作为粉丝转化主战场的网红店铺的表现。

据淘宝提供的数据，目前在淘宝女装类目中，月销售额过百万元的网红店铺约有1000家。以此作为基础数据，我们简单推演一下可以得出：网红店铺在淘宝上的年销售额肯定超过120亿元。

窥一角而知全貌，我们仅仅列举了网红经济中几个独立的事件与数据，便可以感受到，整个网红经济的规模与发展潜力相当惊人。

作为一种新兴的经济模式，它的表现让我们有必要对固有的社会化消费概念进行重新的解读。到底是什么让网红经济具有了如此的价值？答案就是网红们的这种社会化影响力。

所以，从本质上看，网红经济其实是粉丝经济的全新形式，它是眼球经济和注意力经济的集合。

眼球经济 ＋ 注意力经济 ＝ 网红经济

网红经济依赖于网红对粉丝的直接影响力，在粉丝群体足够庞大时，便成为一种社会化的影响力。那么，这种影响力的根源来自何处呢？

我们仍然以papi酱为例，她之所以成为"2016年第一网红"，就在于其制作的视频节目选题设计出众、表现自由率真，既具有接地气的草根气质，又满足了年轻人的娱乐需求，使年轻人完成了与一个有趣的人的"社交"。

其实，网红的制造者是网民，而受众也恰恰就是网民，因此网红对于粉丝们来说有特殊的情感渗透其中，网红们通过个性化的方式为本来很普通的产品增加情感的溢价，这便是网红经济规模的由来。

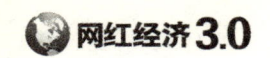

网红经济3.0的四大优势

根据眼球经济和注意力经济的特点,我们可以总结归纳出网红经济3.0有以下四大优势。

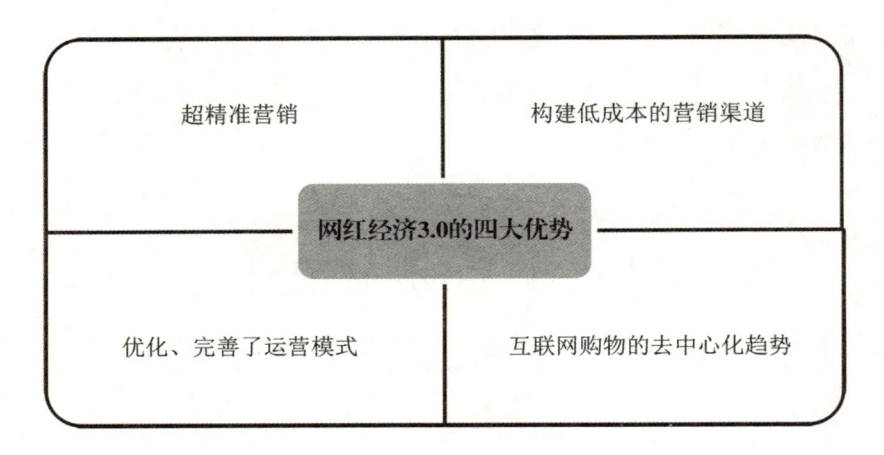

```
┌─────────────────────┬─────────────────────┐
│     超精准营销       │   构建低成本的营销渠道  │
│         ┌───────────────────┐             │
│         │  网红经济3.0的四大优势  │             │
│         └───────────────────┘             │
│   优化、完善了运营模式   │  互联网购物的去中心化趋势 │
└─────────────────────┴─────────────────────┘
```

■ 超精准营销

在用户获取成本逐渐增加的情况下,网红在2015~2016年异军突起。因其具有平民化、廉价、精准营销等特点,并展示出巨大的商业价值,所以受到的关注和青睐越来越多。

一方面,作为意见领袖的网红,能够凭借在特定领域的专业性、权威性,有效引导粉丝群体的消费需求和产品选择,实现更加精准高效的流量变现。

另一方面，网红拥有一定数量的粉丝群体，因此能够基于自身的影响力在社交自媒体上帮助商家进行快速、成本低廉的营销推广。

另外，虽然社交新媒体也能够帮助商家低成本、快速地获取用户，但却没有网红独特的买手制购物模式。这种买手制购物模式能够极大地提升市场营销的精准度，实现流量的快速变现，并优化重塑垂直电商的产业链流程和运作模式。

具体来看，就是网红充分发挥其在专业领域的引导力，敏锐感知和把握快速变化的时尚潮流，通过自我的形象设计、展示将符合时尚品位的产品推荐给粉丝，引导粉丝的消费偏好和产品选择。从而降低消费者面对复杂多样商品时的选择难度，实现产业链的精准营销，缓解了以往库存压力大、资金周转慢等运营痛点。

■ 构建低成本的营销渠道

传统B2C电商的中心平台模式，不仅获取用户的成本逐渐攀升，而且搜索品类的繁杂也降低了消费者的购物体验，甚至很多用户在面对琳琅满目的商品时感觉"无从下手"。

在此背景下，网红能够借助社交平台上庞大的流量和信息的病毒式传播，帮助商家实现精准营销，并构建出一种低廉的用户获取与产品营销渠道，实现电商交易场所的转移。

在"互联网+"时代的经济新常态下，社交化转型是电商发展的必然趋势，而网红经济模式是社交资产变现的有效方式，能够充分挖掘出社交化媒介平台的电商价值。

■ 优化、完善了运营模式

网红经济低廉、快速、精准的用户获取能力，大大优化、完善了现有的运营模式。这主要表现在以下三个方面。

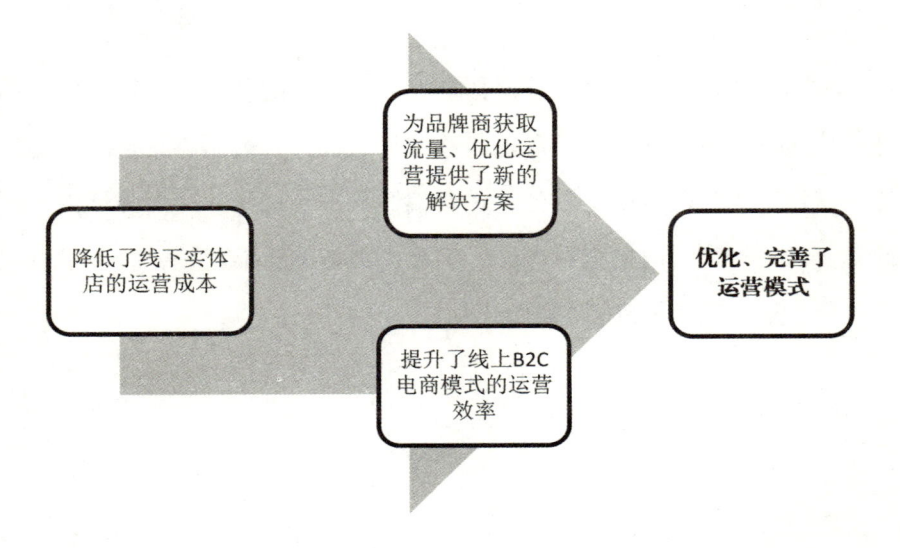

```
降低了线下实体
店的运营成本

为品牌商获取
流量、优化运
营提供了新的
解决方案                    优化、完善了
                            运营模式
提升了线上B2C
电商模式的运营
效率
```

为了让大家更直观地了解网红经济的这一优势，下面将这三点展开说明。

网红经济降低了线下实体店的运营成本。传统直营实体门店的运营包括租赁店铺、雇用店员、推广品牌或产品以及店铺的日常维护等内容，由此带来了租金、佣金、广告费等各种开支，并且随着店铺规模和数量的扩张，这些费用也会不断地攀升。而网红经济的到来，使得实体店可以依托网红进行营销、推广，不需要租赁店铺、雇用店员及大量的推广费用，为实体店大大减少了运营成本。

网红的快速兴起为品牌商获取流量、优化运营提供了新的解决方案。

网红在社交平台上有大量关注者和专业领域内的影响力，这使消费者更容易关注、信任和青睐他们所推荐的产品，从而有效触发用户的购买意愿，帮助商家更好地实现流量变现。

网红经济提升了线上B2C电商模式的运营效率。在电商发展之初，淘宝、天猫等中心平台是商家获取流量、进行品牌推广的最重要渠道，并由此推动了B2C电商模式的快速崛起。随着互联网消费市场日益成熟，阿里巴巴集团开始对其积累的海量平台流量进行变现，淘宝、天猫等平台对商家收取的费用不断增加。

■ 互联网购物的去中心化趋势

从本质上来看，网红经济其实是商品在社会化媒介平台上的一种新型营销模式，体现了新常态下互联网购物的去中心化趋势。

网红经济是利用粉丝群体对网红的追随和信任，将产品或品牌合理融入网红的生活与形象展示中，通过网红有效引导粉丝的购买行为和选择，达到产品推广和变现的目的。因此，社交平台中的内容输出、产品设计、网红社交账户的运营维护、供应链管理等要素，对网红经济的运营有着重要影响。

与传统的中心化电商平台的模式不同，网红经济是借助网红社交账户导入流量，通过"吸引→信任→购买"的过程完成社交资产变现。

由此，移动社交电商将逐渐成为线上交易的主要场所，网红社交电商的去中心化购物模式将逐步代替以淘宝、天猫为代表的B2C中心化平台式的搜索交易模式。

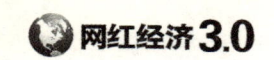

网红经济的核心：以内容塑造并强调人格化品牌

"网红"这一概念最早可以追溯到10年前的门户时代，从在论坛中崛起的芙蓉姐姐到微博时代的凤姐，再到直播平台的电竞主播等，随着时代的发展，网红群体也在不断更替。

而网红真正崛起，则是在2015年举行的"淘宝网红经济研讨会"之后。那些拥有独特品位、丰富才艺的网红，凭借其拥有的海量粉丝及强大的变现能力被外界广泛关注。人们注意到，网红在经过一定的开发培养后，可以释放出巨大的商业价值。

从本质上来说，网红经济的核心是以内容塑造并强调人格化品牌、拥有极强的影响力及信息传播能力的网络形象。其价值创造过程始终是沿着内容创造、传播、交易的主线不断发展的。

在这个去中心化的时代，只要你能够创造出有价值的内容，就可以借助互联网成为外界关注的焦点。从内容创造到传播，再到变现交易，整个价值创造过程都可以在线上快速完成。可以说，一个网红就是一个自带用户流量、拥有较强影响力的人格化品牌。

网红经济的巨大价值创造能力，正反映了当下内容创业的崛起。

那么，为什么说以内容塑造并强调人格化品牌是网红经济的核心呢？这主要源于以下三个原因。

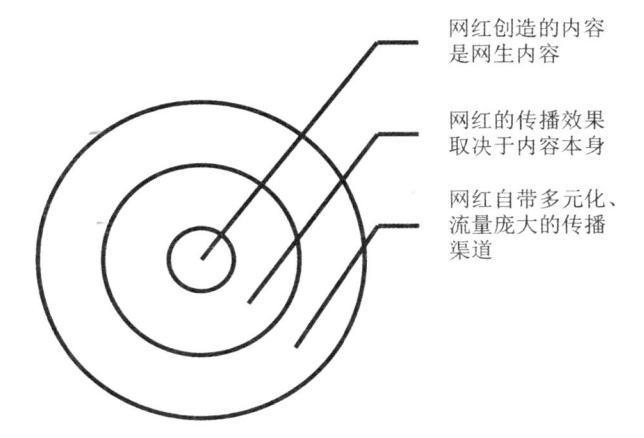

- 网红创造的内容是网生内容
- 网红的传播效果取决于内容本身
- 网红自带多元化、流量庞大的传播渠道

■ 网红创造的内容是网生内容

网红创造的内容要想被消费者关注并传播，必须是在网络环境中定制、改造而来的，不能将线下的人或事物简单地线上化。只有这样，其内容才更具生命力。具体来说，网红创造的内容应该具有以下三个方面的特点。

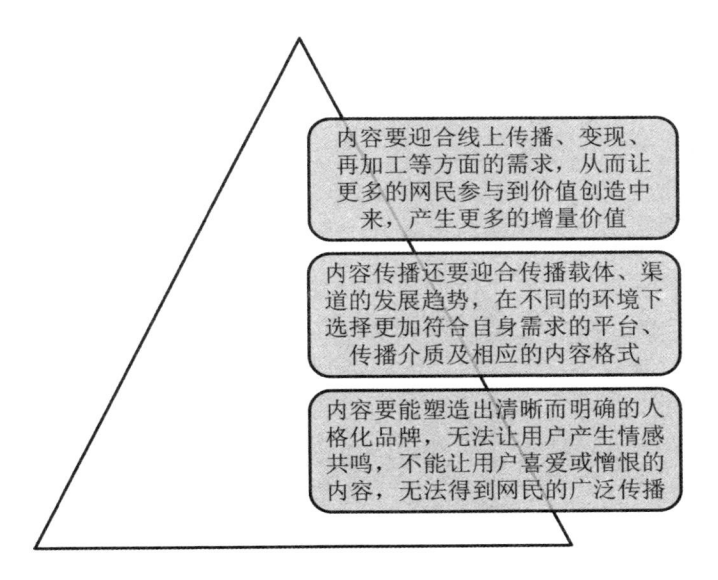

- 内容要迎合线上传播、变现、再加工等方面的需求，从而让更多的网民参与到价值创造中来，产生更多的增量价值
- 内容传播还要迎合传播载体、渠道的发展趋势，在不同的环境下选择更加符合自身需求的平台、传播介质及相应的内容格式
- 内容要能塑造出清晰而明确的人格化品牌，无法让用户产生情感共鸣，不能让用户喜爱或憎恨的内容，无法得到网民的广泛传播

■ 网红的传播效果取决于内容本身

对于网红实体其实并没有严格的要求，名人、"草根"都可以成为网红，甚至网红可以不必是人。如与国务院总理李克强交流的小度机器人、微软推出的"微软小冰"等都有可能成为网红。

只要网红能形成人格化品牌，源源不断地创造出被网民认可并传播的网生内容，在现实中毫无影响力的普通人也可以成为深受网民喜爱的网红。

对于普通人来说，通过外貌、个性、才艺等吸引粉丝群体，是实现从无到有的过程。那些明星、名人被人们了解，最初可能是依靠其线下的影响力，但是他们在线上获得广大粉丝群体的持续关注，却是由于其不断地进行优质内容的创造及生产。

无论是活跃在电商平台上的网红，还是最近两年十分火热的人格魅力体，其内部并无层级上的差异，决定他们价值的是其传播力及影响力。

传播力与渠道有着密切的关联，而影响力则决定了其向用户传播的内容能否被认可、讨论、转发。在这种情况下，既拥有强大品牌影响力，又拥有千万级别忠实粉丝群体的papi酱，能拍出2200万元的广告费也就不难理解了。

网红群体与其他网生内容的最大区别，就是人格化品牌或人格魅力体。粉丝群体认可网红创造的内容及其价值观，其人格化的品牌形象也更容易获得粉丝的信任。

归结起来就是：人更倾向于能与人交流沟通，能了解自己情感的网红，要比那些代码堆砌成的网生内容更有吸引力。而且在后续衍生的增值服务开发上，人格化的品牌形象有着广阔的发展空间，"罗辑思维"

的会员制就是一个典型案例。

从某种程度上来说，内容形式的电商产品其核心卖点其实是品牌信仰，产品只是用来强化品牌信仰的有效工具，通过内容打造的虚拟人格形象及价值观，才是让网红得以创造巨大价值的关键所在。

■ 网红自带多元化、流量庞大的传播渠道

对于明星、名人来说，其品牌及形象具有较强影响力，其传播渠道也被广大新闻媒体所控制。

而网红则是借助微博、微信、视频网站等具有庞大用户流量的多种传播渠道。在内容传播方式与人们需求心理发生巨大变革的背景下，网红经济将迎来爆发式增长。

网红经济3.0迅速崛起的两大原因

从网红1.0到如今网红经济3.0，它之所以能在如此短的时间段迅速崛起，主要源于以下两个因素。

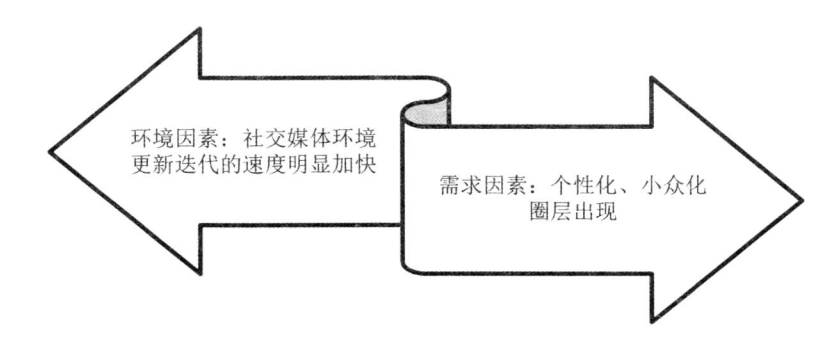

环境因素：社交媒体环境更新迭代的速度明显加快

需求因素：个性化、小众化圈层出现

■ 环境因素：社交媒体环境更新迭代的速度明显加快

进入2016年，"网红"一词在各大媒体的传播下迅速成为社会各界关注的焦点。网红经济3.0的崛起，为处于转型期的中国经济注入了新的活力，人们寄希望于以网红经济3.0推动行业变革，创造更多的经济增长点。

移动互联网时代的网红群体在数量及影响力方面都明显增加，但持续的时间似乎越来越短。类似芙蓉姐姐、奶茶妹妹这种早期的全网红人，虽然走红所需的时间相对较长，但他们被人们关注的时间也明显比现在的网红更长。如今，在我们甚至还没有记住前一个"网红"的名字时，取代他的网红已经迅速崛起。

网红的生产周期及持续时间为何会大幅度缩短呢？最为关键的是，移动互联网时代为其提供了前所未有的发展空间，具体来说，就是社交媒体环境更新迭代的速度明显加快了。

2009年成立的新浪微博，让我国迎来大众社交媒体时代。2009～2012年，新浪微博是社交媒体的绝对中心。而之后腾讯内部创业开发的微信却改变了这一局面。2011年年初，横空出世的微信，将我国移动社交圈的发展提升到了新的高度。

2013年，微信用户突破6亿大关，微信成为又一大社交媒体平台。在用户停留时间及覆盖率方面，微信甚至比新浪微博更具优势。但如果仅从网红角度而言，大多数网红活跃的主战场还是新浪微博。

2014年，国内出现了垂直领域的社交媒体产品，比如唱吧、美拍、秒拍等，定位于小众群体的它们，发展势头尤为迅猛。这些垂直社交产品在兴趣爱好、短视频拍摄、二次元动漫等细分领域精耕细作，它们以创业者，更以挑战者的心态进军社交媒体领域。在这种背景下，2015年，网红呈现爆发式增长。

虽然垂直类的社交媒体产品发展较快，但是其在用户使用率及功能优化等方面，还有较大的提升空间。随着游戏、视频、电商、金融等领域的社交化，垂直社交产品的用户规模及忠实度将有较大程度的提升。可以预见的是，未来，垂直类的社交媒体产品将迎来爆发式增长期，其蕴含的商业价值为许多企业带来了巨大的想象空间。

虽然微信、微博仍然会在相当长一段时间内占据绝对优势，但更加强调个性化的年轻一代，必定会推动大众社交媒体时代向小众化社交媒体时代转变。这些垂直类的社交媒体产品，以人们的个性化及多元化需求为价值导向，这也决定了未来人们的互联网生活将会更为细化。

■ 需求因素：个性化、小众化圈层出现

随着社交媒体产业的不断发展，各种垂直领域的社交媒体产品不断涌现，催生了许多基于某些特定兴趣、爱好及个人追求等而建立的个性化及小众化圈层，人们的个性化需求得到更大程度的满足。去中心化，强调自由、平等的设计风格让人们更容易获得存在感及参与感。

在这些小众化圈层中，每个人的权利更容易得到尊重，人们之间的互动性会更强。那些有创意、有特殊才能的人，会更容易获得成功，这也激励着社群中的其他人更加积极地创造优秀的作品。

当那条竞争激烈的明星路线走不通时，许多人借助小众化的圈层也能获得成功。这种具有明确方向、有一定保障的方式，极大地激发了他们的参与热情。那些独具风格、强调个性、好胜心强、不甘平庸的人会

更为积极。

垂直化的社交平台给普通的消费者提供了更好的发挥空间,也让那些网红孵化公司可以通过较低的成本,培养出具有较高商业价值的网红。

于是,发掘并培养网红,帮助网红吸引粉丝,创建品牌,提供衍生产品及增值服务,从而完成价值变现的一条相对完善的网红经济产业链由此形成。

第 2 章 网红商业：网红经济的商业模式及产业链

由于网红经济的兴起及商业化转型的完成，网红经济产业链也随之形成，并且衍生出四大网红商业模式，即网红孵化器、资本投资、网红经纪公司和合作代言。本章我们就来拆解网红经济的产业链，通过对产业链各个环节的解读来了解网红经济的四大商业模式。

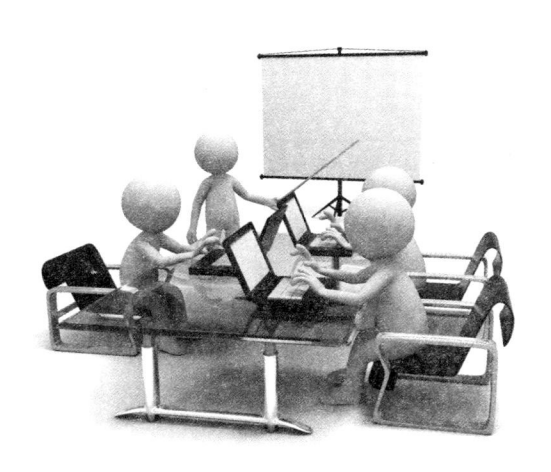

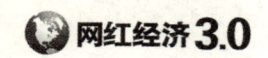

从网红1.0到网红3.0的商业化模式的转型

如果按照传播形式来划分，我们可以把网红的商业化模式分为以下三个阶段。

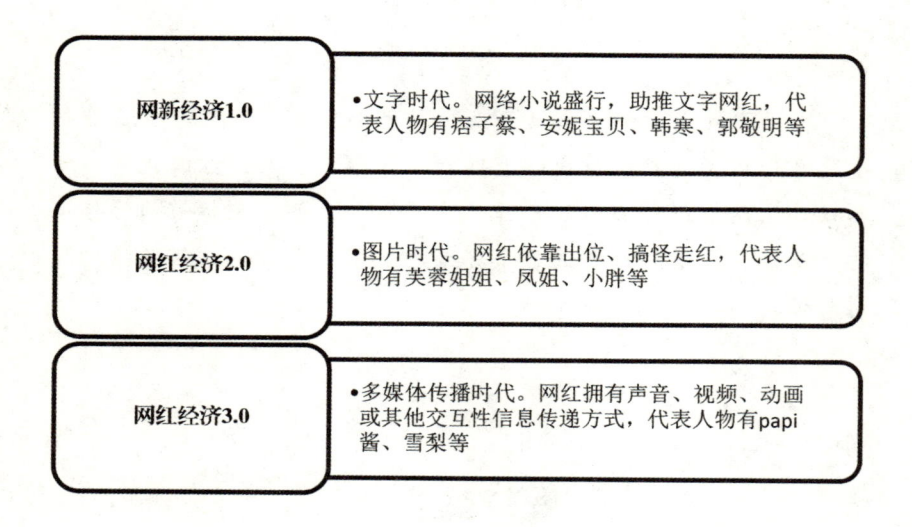

网新经济1.0	• 文字时代。网络小说盛行，助推文字网红，代表人物有痞子蔡、安妮宝贝、韩寒、郭敬明等
网红经济2.0	• 图片时代。网红依靠出位、搞怪走红，代表人物有芙蓉姐姐、凤姐、小胖等
网红经济3.0	• 多媒体传播时代。网红拥有声音、视频、动画或其他交互性信息传递方式，代表人物有papi酱、雪梨等

■ 网红1.0：文字时代，以才华取胜

在20世纪末网速还只有几K的年代，网民更多是依靠文字来获得互联网中的信息。那个时候的网红也大多靠文笔起家。

20世纪90年代末，痞子蔡的《第一次亲密接触》开始被各大网站疯狂转载，成为第一部网络畅销小说，开启了中国网络文学的先河。这部小说通过网络传播后的影响力在当时可谓空前，一时间几乎所有少女的

QQ都统一换成了长发头像，昵称改为"轻舞飞扬"。

毫无疑问，作者蔡智恒（痞子蔡）也成为当时名副其实的第一批"网红"中的一员。在他之后，安妮宝贝、韩寒、郭敬明等"文字网红"开始陆续出现。

早期的网红，均是以才华取胜，毕竟当时的互联网世界是以文字内容为主，看不见脸。因此，这一时期的"网红"都是不折不扣的"草根"，他们大多出身于平民阶层，没有展示容貌的渠道，也没有自我包装与推广的经验，纯粹依靠才华文笔来吸引粉丝，自我推广的渠道非常单一，仅限于门户新闻、论坛、博客等。

网络文学网站的兴起，造就了一大批依靠网络写作出名的网红，"才华+勤奋"是早期网红的特征。

作为1.0时代最成功的网红，安妮宝贝用个性化的文字探讨爱情、人生的话题引发了当时年轻人的共鸣，她在网络上发表的《告别薇安》《七年》《七月与安生》获得了成功，在网站上有固定专栏和作品集，她的名字也曾几度入围中国作家富豪榜。

1.0时代的初期，稍微有些知名度的网红基本都是依靠兴趣支撑，没有太多收入来源，微薄的网站稿费并不足以养活他们。随着网络文学网站的兴起，为网红打开了施展才华的空间，在网络文学网站的平台上，许多网红掘到了人生的第一桶金，他们完成了从线上走向线下、从虚拟走向实体的过程。

■ 网红2.0：读图时代，以图制胜

随着互联网的发展，一个读图的时代来临了，网红们终于可以不

仅仅受困于文字，图片在互联网里的风靡把更丰富的视觉体验带给了网民。这一跨越式的变革为网红带来了真正的"黄金时代"。

这一时期出现的网红以图片的方式吸引了网民的眼球，其影响力也比文字网红大大提升。

2004年，芙蓉姐姐将其照片上传到水木清华、北大未名等网络社区，进而成为图片时代网红的标志性人物。2015年，芙蓉姐姐获得了"中国互联网经济论坛"七年网络红人成就奖。

除了芙蓉姐姐外，还有一位红极一时的网红——"凤姐"。凤姐本名罗玉凤，她自称"9岁起博览群书，20岁达到顶峰，智商前300年后300年无人能及"。这一惊天的言论让她在网络上迅速走红，被网友戏称为"宇宙无敌超级第一自信"。

毫无疑问，图片时代使网红的产生变得更加容易，同时加入了更多商业运作的成分。比如凤姐的幕后团队就曾宣称，在为罗玉凤制定推广方案时，高调征婚成为重点，并且在网上雇用了大量"水军"进行发帖造势，从而成功地将"凤姐"的名号推向极致。通过与罗玉凤的合作，这一幕后团队获得了高额的收益。

无论是70后的芙蓉姐姐，还是80后的凤姐，在她们"经典"形象的背后都有着深深的商业化运作烙印，网红背后的商业团队开始浮出水面。这种现象意味着从此开始，网红的产生趋向于规模化、商业化，其带来的经济价值已经显现出来。

■ 网红3.0：多媒体时代，以技取胜

当互联网迈向多媒体时代后，网红也开始随之进化，进入"个性化"时代。3.0时代的网红几乎都能够熟练运用新媒体。

比如，papi酱、王尼玛等都是利用视频、动画等新媒体形式来吸引大量粉丝，再如播客、播主也是通过语言、服饰等贴着个性化标签的内容在新媒体上吸引关注。

同时，微博成为网红造星的圣地。网红与微博的"联姻"出现在3.0时代的开始期，微博这个图文并茂的直接信息推送平台不仅让网红更贴近粉丝，更重要的是为网红提供了基础营销渠道。

让我们来看看一个代表性的案例：

爆红于旅游圈的猫力Molly本名王子川，因喜爱旅游并在穷游网上发布游记而被旅游圈所熟知。之后她开始在微博上发布各种旅游照片和旅行文章并获得了网友的关注，其个人微博的粉丝数已超过289万。

之后猫力Molly开始依托微博把和各种品牌的合作进行植入式营销。各大品牌通过拍摄图片或者提供产品方式将猫力Molly打造成一个穷游典范，而猫力Molly则在微博上进行对应品牌的宣传进而获利。

3.0时代的网红在特点上与之前的网红们有着明显的区别：

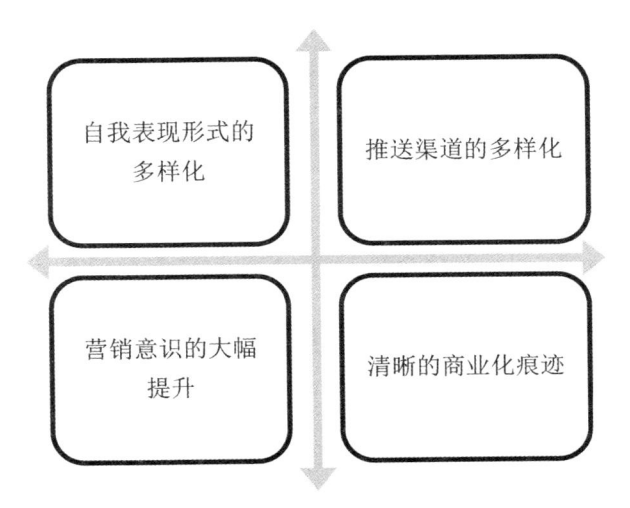

自我表现形式的多样化	推送渠道的多样化
营销意识的大幅提升	清晰的商业化痕迹

自我表现形式的多样化。 3.0时代的网红已经不仅仅局限于文字、图片的展现方式，视频、动画、漫画、直播等立体化的展现方式都被网红们用到极致。

推送渠道的多样化。 微博、微信、视频网站、直播网站等新媒体平台的出现，让3.0时代的网红有更丰富的渠道去展现自我。

营销意识的大幅提升。 网红经历了从1.0时代的默默无闻到2.0时代的大红大紫后，积累了成熟的自我推销经验，同时对商业化运作常识也有了深刻的理解。于是我们可以看到，进入3.0时代后，网红已经能够熟练运用植入式营销、精准营销等方式来获得直接的经济收益。

清晰的商业化痕迹。 如果说1.0时代仅仅是网红在投石问路，那么2.0时代后期网红的经济价值已经被广泛关注，一些独立的商业化运作也就此开始，并取得了不错的效果。

进入3.0时代后，网红背后的产业链条日趋完善，带动了网红经济的爆发性增长，网红也由此脱离了"草根"范畴，进入纯商业领域。几乎每个成功网红的背后都离不开商业策划、团队实施与营销策划。

至此，网红完成了商业化转型，他们不再是无拘无束的"草根"名人，而是转变为了商业利益的代表者。对于这种转变我们可以这样来看：不断推进的互联网技术与不断革新的新媒体平台造就了网红的转型，也造就了网红经济的蓬勃发展。

网红经济产业链的各方参与方式

随着网红商业化转型的完成，网红经济产业链也随之形成，在我们了解网红经济3.0的商业模式之前首先要对网红经济产业链做一个必要的了解。

所谓网红经济产业链，它是以网红经济为基本构成，产业链上各个环节互相作用、互相影响、互相促进，从而形成一个类似自然界中生态圈一样的良性循环和互动的链条。

我们一起来看一下网红经济产业链的流程图。

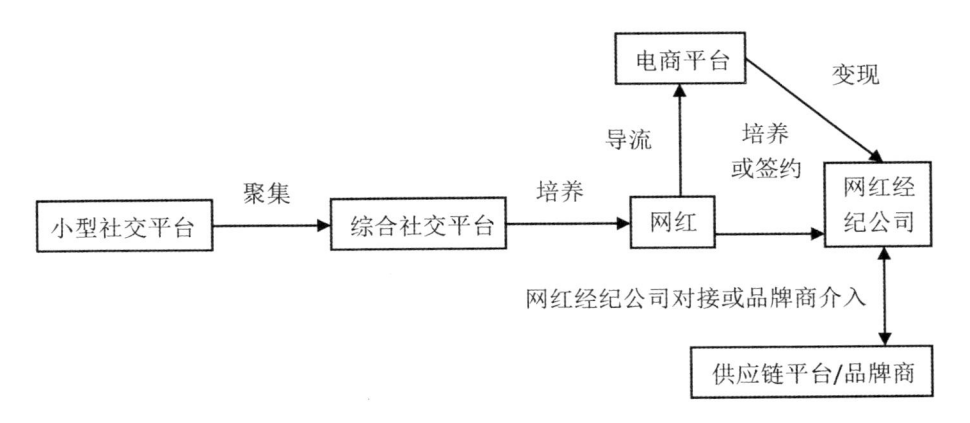

```
小型社交平台 --聚集--> 综合社交平台 --培养--> 网红 --导流--> 电商平台
                                              网红 --培养或签约--> 网红经纪公司
                                              电商平台 --变现--> 网红经纪公司
                                              网红经纪公司对接或品牌商介入
                                              供应链平台/品牌商
```

从参与主体来看，网红经济的产业链结构包括小型社交平台、综合社交平台、网红、网红经纪公司、电商平台、供应链平台或品牌商。

在网红产业链结构中，每个成员都有自身的定位与分工，作为网红经济产业链结构中的三个主要成员——社交平台、网红经纪公司、供应链生产商是如何参与并发挥作用的呢？

■ 社交平台

在专注于垂直细分领域的小型社交平台中，常常会出现一些在该领域有着特殊才能的网友。这些人在社交平台的日常交流互动中，吸引和聚合了一批志趣相投的关注者，成为该小型社交平台上的网红。

不过，专业性或功能性的小型社交网站虽然更容易形成网红，但毕竟流量有限、规模较小。因此，为了进一步提升自身的知名度，聚集更多的粉丝，小型社交平台上的网红会不断转向有着更大流量的综合社交平台，并以网红身份继续吸引、黏住和影响更多的网友，为发展社交电商积累足够流量。

■ 网红经纪公司

网红经济的快速崛起也使网红运作越来越专业化、企业化。网红经纪公司就是以发现和培养网红，并帮助网红顺利变现为目的的。鉴于网红经纪公司对于网红经济的重要性，在下面的章节我们将重点介绍其运作机制和运作模式，这里就不再赘述。

■ 供应链生产商或平台

网红经济具有快时尚、个性化的特点，需要对接能够快速反应、快速生产和发货的供应商，以满足消费者不断变化的时尚需求，获取流量价值。因此，网红经纪公司或者供应链服务平台，需要利用大数据分析技术优化整合供应链各环节，以满足网红对供应链系统的快反应和高品质需求。

很多品牌生产商有十分成熟的供应链系统，却苦于缺乏有效的线上营销渠道。这些品牌生产商迫切希望能够参与到网红经济的产业链中，实现供给端与需求端的精准、高效对接，这显然又进一步推动了网红经济的快速成长与发展。

当然，如今的网红经济产业链也在发生着变化，宽带升级带来了视频直播，移动互联网带来了即时互动，新媒体孕育出新模式，新模式带来了新体验，依附于网红经济产业链上的角色越来越多，也越来越复杂，网红经济产业链中的闭合循环也在逐渐扩大、增加。

网红经济崛起的重要推手——网红孵化公司

所谓网红孵化公司，是指通过批量签约网红，进行粉丝经济营销，并主要负责客服、运营、物流仓储、产品生产开发、售后流程等各方面流程的公司。

我们一起来看一下网红孵化公司的流程图。

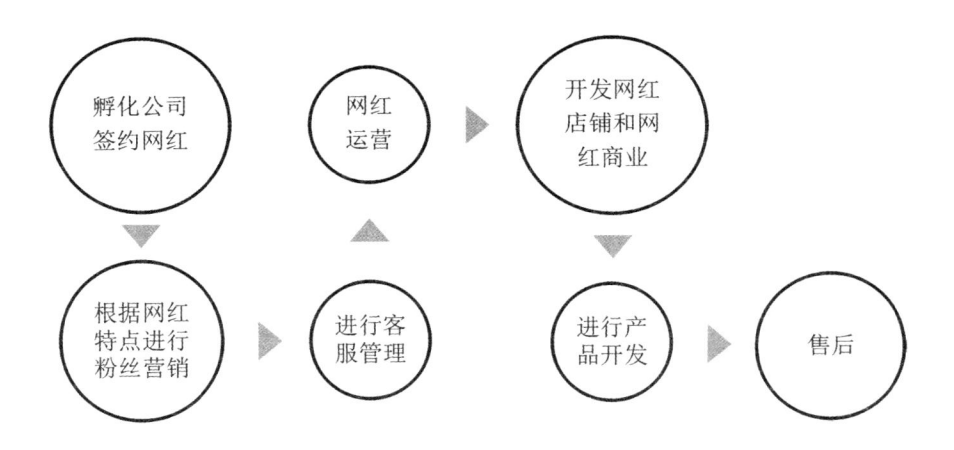

孵化公司签约网红 → 网红运营 → 开发网红店铺和网红商业

根据网红特点进行粉丝营销 → 进行客服管理 → 进行产品开发 → 售后

网红孵化公司的出现并非没有根据。近两年来，网红淘宝店铺已经显现出清晰的商业模式，但短板同样明显：缺乏供应链支持，团队管理不规范。

当网红需要通过电商平台来实现变现时，解决供应渠道问题最基础的就是在现成的批发市场拿货,在起步阶段这几乎是每一个网红的选择。但是弊端十分明显:撞衫是几乎不可避免的。比如网红雪梨、13c就被传曾在四季青服装批发市场的同一个档口进货。

当发展到一定规模以后,大部分店主就会选择与可以代工的工厂合作或者自己筹办工厂,但是这样做投入资金大,存在风险。

在这种情况下,网红孵化公司应运而生。这些公司大多是电商出身,依托供应链优势和公司化管理优势,能够对店铺进行专业化的整体经营,能够驾驭上游设计生产、下游推广销售等各个环节。网红专门依托电商平台,帮助他们提升变现环节的效率。这类公司的出现弥补了网红电商运营方面的短板。

据业内人士介绍,目前网红与孵化公司的合作模式一般分为以下三种。

孵化公司出资,网红出力,网红拿10%~20%的销售额	网红出资,孵化公司提供产业链和店铺运营服务,孵化公司拿10%~30%的销售提成	网红、孵化公司共同出资,共同建设产业链,网红一般会按"底薪+利润"分成

随着网红经济的兴起,网红孵化作为一种新业态涌现出来。为了显示自己的竞争优势,孵化企业纷纷推出网红新星。那么,他们的造星计划有什么规律可循吗?

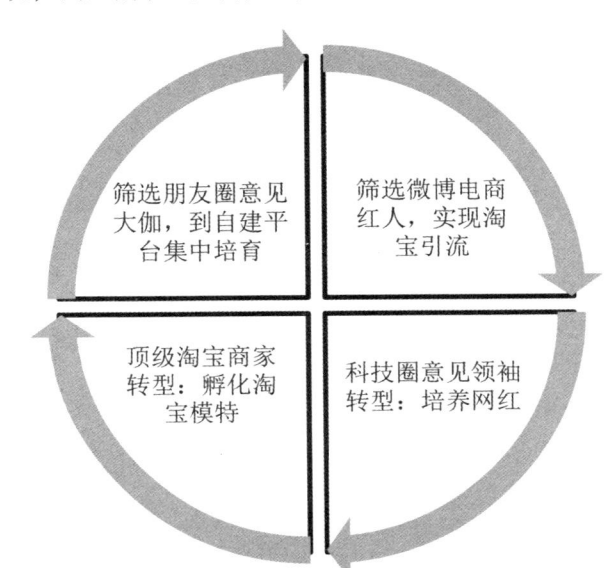

具体来说，网红孵化公司有四条运作路径。

- 筛选朋友圈意见大伽，到自建平台集中培育
- 筛选微博电商红人，实现淘宝引流
- 顶级淘宝商家转型：孵化淘宝模特
- 科技圈意见领袖转型：培养网红

■ 筛选朋友圈意见大伽，到自建平台集中培育

网红孵化公司利用微信平台的优势，从中找出具有发展潜力的合适人选。比如销售能力杰出、能够成熟运营团队的微商；拥有众多粉丝支持的社群创建人或形象代表；能够抓住用户的兴趣点并能创作优质内容的自媒体等。孵化公司会对他们进行专业培训，最终将其打造成网络红人。

以营销工具PICK为例，该工具适用于在微信朋友圈做商品推广的微商，能够使微商与目标客户更好地匹配。PICK主要负责对微商的营销技能进行指导，使他们进一步了解时尚潮流及搭配方法，以便能够更好地抓住消费者的需求。

微商在加盟PICK的时候，可通过趣味测试明确自己的兴趣与日常生活规律，并以此为参考选择适合自己从事的产品营销。PICK对消费者的需求信息进行统计，利用智能推荐技术对微商的营销方案进行指导。相比于普通微商，网红的品牌影响力更大一些，更能激发消费者的购买欲望，网红孵化公司的作用便是促成微商转化为网红。

采用这种模式的孵化公司能够抓住微商的需求，促使其加入自己的培训计划中。而在培训过程中需要注意的是，应打破传统思维模式的束缚，不能只关注商品销售，还要注重内容及价值的输出，只有这样才可能完成从微商到网红的过渡。

■ 筛选微博电商红人，实现淘宝引流

孵化企业从微博平台中选出号召力强、与粉丝互动频繁、具有强大凝聚力的红人进行专业培训，采用团队化运作打造其品牌形象，侧重于提高其变现能力。经过层层选拔后，留下那些能够挖掘粉丝商业价值的网络红人，以此提高企业及网红的市场竞争地位。

在这方面做得比较好的孵化企业是如涵电商，该公司与一些微博红人达成合作关系，为其提供包括产品开发及设计、货物运输及物流等方面的服务。另外，还提供各方面的资源支持，形成从最初的内容生产到电商经营的一整套服务体系。

这种孵化公司要求网红具备很高的专业素质与能力，其粉丝数量需达到几十万。另外，网红必须能够以粉丝喜欢的形象将信息内容表达出来。

■ 顶级淘宝商家转型：孵化淘宝模特

如今，很多电商网红都是从最初的淘宝模特（淘宝女郎）发展而来的。在传统经营模式下，模特的作用主要是通过形象展示对商品进行推广，随着互联网的普及，模特的重要性也日渐突显。

有经验的淘宝经营商不仅能意识到淘宝模特可以给店铺带来的巨大价值，还知道如何打造并经营淘宝模特，如何保证整个产业链的正常运转。因此，经验丰富的淘宝店能够在把握市场发展趋势的基础上，从中筛选出具有潜力的淘宝模特，通过建立网红孵化公司，将自己的平台、资源优势与淘宝模特的个性化特征相结合，推出符合粉丝口味的电商网红。

在这方面做得比较好的是榴莲家，该公司不仅推出多个网红，还成功引来投资人的目光。当网红在台前吸引粉丝时，榴莲家就在台后负责产品供应、店铺经营、客服等，双方通力合作。

对于网红来说，要进入这样的孵化公司并不是一件容易的事情，他们需要有从业经验，还要是同行中的佼佼者。

■ 科技圈意见领袖转型：培养网红

当某个产业形态呈现出良好的发展势头时，就会成为某些专家、意见领袖、业内人士的分析对象。这些人通常在某个领域从业多年，有丰富的理论知识，对商业运行模式有深入的研究，手中掌握着各个领域的资源（如企业、研究机构、媒体等）。

他们以一个资深授业者的身份出现在人们的视野中，利用社交平台发布课程推广信息，以音频或视频的形式为用户讲解专业知识与技能。他们能够通过独特的视角与信息的传达，开启用户的新思路，指引他们找到自己的发展方向。

科技领域的意见领袖站在时代科技发展的最前沿，他们能够感知商业的发展动态，对当今的科技发展形势了如指掌。因此，他们能根据当前的发展状况，给出经营者极具价值的建议，帮助其在短时间内成功转型。

这一类型的网红孵化公司能够从宏观的视角看待科技行业的发展，它们的运作模式有一定的规律。

⬅ 首先要了解网红本身的风格、优势和短板　　➡ 接下来推出有针对性的培养计划，提供各方面的资源支持，突出其优势方面

该类网红孵化公司能够从整体上来分析整个行业的发展状况，将多种因素的变动及影响考虑在内，因此，能够更加准确地分析出网红经济的未来走势。

网红的全流程包装——网红经纪公司

在网红经济产业链中，网红经纪公司具有重要的作用。在网红经济逐渐兴起之时，淘宝平台上逐渐出现以莉家和榴莲家为代表的专业网红孵化公司。在与网红的合作中，网红们负责与粉丝互动、推荐产品，孵化公司则将精力集中在店铺日常运营和供应链建设以及设计上。

由于资本的介入，网红们也从单打独斗逐渐变得规模化，从入驻孵化器发展到后期的淘宝大数据分析，以及雇佣专业的运营团队等，开始形成一条网红运营的流水线。

网红经纪公司的公司化运作让一些网红的粉丝群体得到了迅猛扩张，店铺存在的供应链问题也得到了改善。

■ 网红经纪公司的动作机制

网红经纪公司的运作机制分为两个部分。

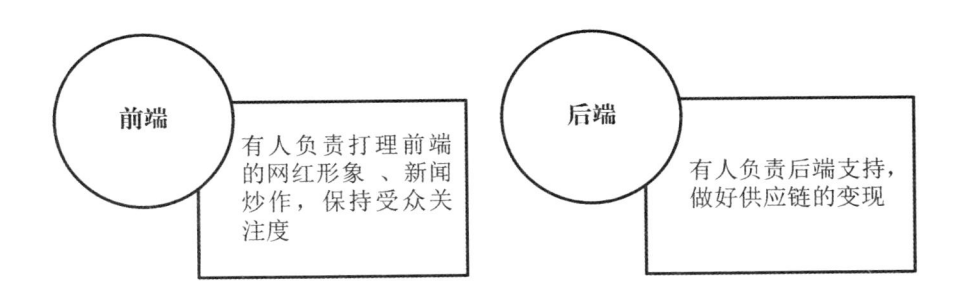

- **前端**：有人负责打理前端的网红形象、新闻炒作，保持受众关注度
- **后端**：有人负责后端支持，做好供应链的变现

目前，在国外已经开始有越来越完善和专业的机构为网红们提供服务。在国内，以杭州服装行业网红孵化器如涵电商为例，其模式包括"供应链+代运营+经纪人"三重功能。

供应链端自身组建服装代工厂，对接网络品牌；代运营端在店铺经营、ERP管理、产品上新等方面对网红店铺提供支持；经纪人端则直接做好网红营销、网红孵化等工作。

这样的包装，需要前期投入大量资本为网红经营微博、微信等公众账号，作推广宣传。据估算，电商的年销售额要达到千万元以上，才能保证公司盈利。

一般来说，一个网红的爆发时间只有3~6个月。虽然，有的网红经纪公司与网红一签约就是8年，但实际上多数网红都很难达到这样长时间的爆红。况且中国的"契约精神"很差，这些合同都不具备约束力。真正重要的是利益，只有让双方迅速见到利益，才会有动力。

■ 网红经纪公司的运作模式

网红经纪公司制造网红品牌，其运作模式包括以下三个步骤。

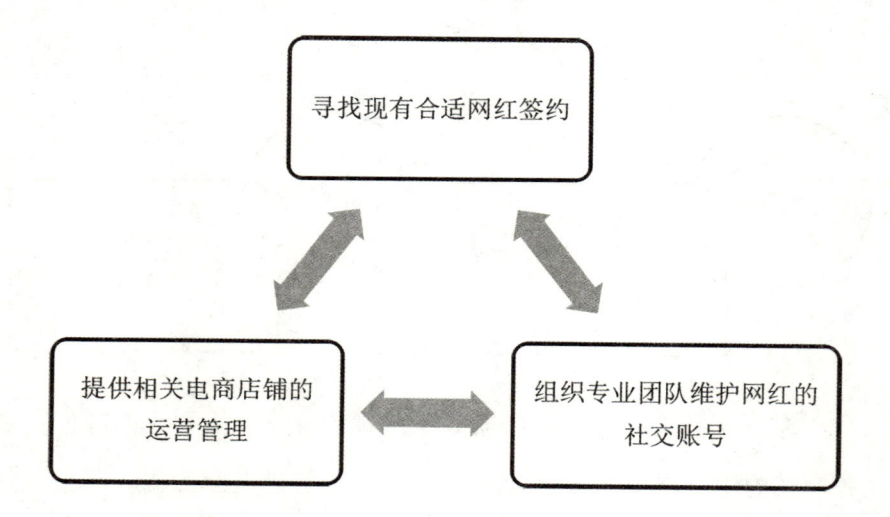

```
          ┌─────────────────┐
          │ 寻找现有合适网红签约 │
          └─────────────────┘
              ↑         ↑
              ↓         ↓
┌──────────────┐     ┌──────────────┐
│ 提供相关电商店铺的 │ ←→ │ 组织专业团队维护网红的│
│    运营管理     │     │    社交账号     │
└──────────────┘     └──────────────┘
```

寻找现有合适网红签约。为了寻找合适的网红为产品代言，网红经纪公司需要极强的大数据分析能力。一方面需要根据微博粉丝数据快速定位潜在签约网红其粉丝的类型、质量、活跃时间、转化率等以确定该网红是否具有经济价值；另一方面也需要根据粉丝的回复率、点赞率以及回复内容的关键词提取来预测网红发布的商品是否能够热销，以销定产，避免出现产能过剩或者供不应求的情况。

组织专业团队维护网红的社交账号。网红经纪公司需要定期更新吸引粉丝注意的内容以及保持与粉丝的互动来维持黏性，使网红能够吸引粉丝点击相关店铺链接或者关注网红推广的产品。

提供相关电商店铺的运营管理。网红经纪公司通过在网上店铺销售网红宣传产品的方式将网红社交资产进行变现。

从网红经纪公司的运作模式不难看出，作为专业公司，网红经纪公司打造网红的整个流程都体现了专业素养，他们为网红提供全流程包装，制造偶像，卖生活方式，赚粉丝的钱。线下还有产品供应链、品牌商，借助于这种精准营销，提高推广效率、降低库存、加快资金周转，并且屡试不爽，财源滚滚。

快速进入网红经济的商业模式——资本投资

资本投资是快速进入网红经济的一种商业模式。它是企业直接对已经成名的网红进行投资，用资本的力量把网红与企业绑定在一起，持续扩大网红的社交优势与影响力，最终从网红身上获得更多的商业回报。

资本之所以会投资网红，主要依赖于以下两个方面。

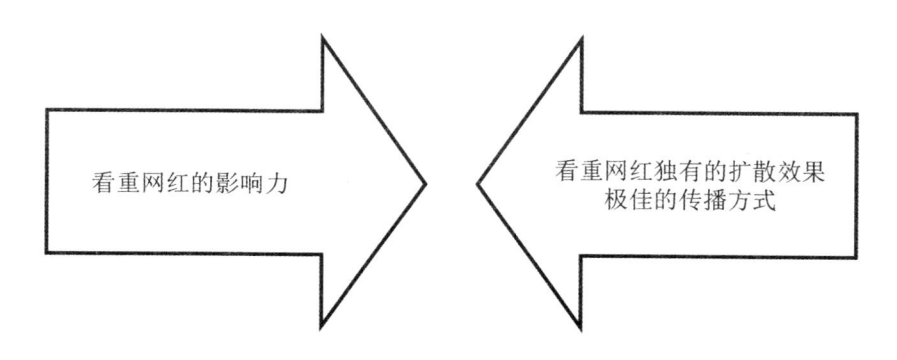

看重网红的影响力

看重网红独有的扩散效果极佳的传播方式

网红影响力的直观数据就是粉丝数量或关注人数，作为网红个人的社交资产，粉丝数量越庞大越能够体现网红潜在的商业价值。而网红采用的传播方式是基于新媒体的特性，通过话题、爆点来吸引眼球，然后在新媒体社交平台上实现扩散。

由于网红的特长在内容创作层面，对商业化运作与营销并不擅长，因此与资本的牵手也刚好符合网红的本意。我们可以把这种形式看作资本与影响力的结合，接下来只需找到合适的商业价值兑现方式就行了。

拥有500多万微信粉丝、1000多万微博粉丝的网红"同道大叔"蔡跃栋获得A轮数百万美元的融资，他的个人估值已经超过了2亿元。

从2012年5月暴走漫画获得盛大资本数百万元A轮投资，到2014年9月，暴走漫画获得了永宣联创、创新工场的数千万美元C轮融资，"暴走漫画"这个在互联网上混得风生水起的"网红"完成了与资本的几度携手，成为网红商业化成功的最好案例。

从上面的这两个案例中我们可以看到，资本投资网红的声势正在扩大，"超级网红"们纷纷得到资本的关注从一个侧面展现出了网红经济的巨大吸引力。

资本投资网红的方式可以分为以下两个不同的类型。

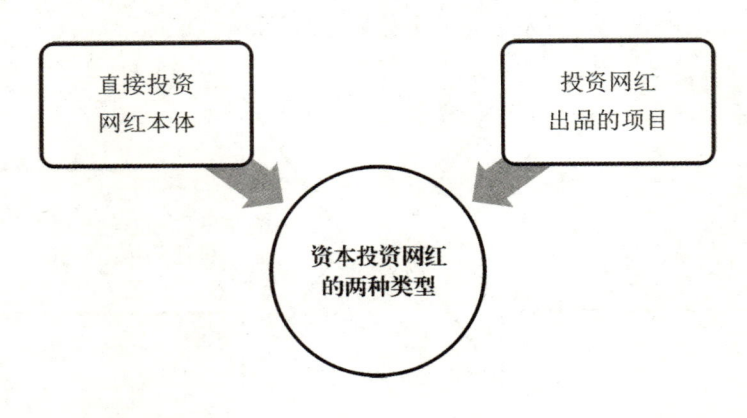

■ 直接投资网红本体

直接投资网红本体的方式是与网红进行全方位合作的一种模式，这种模式对双方来说黏性更大，同时对商业化收益的分配更为彻底。

采用这种模式，资本方需要对网红个人商业化能力与未来商业化拓展能力进行综合的考察，其中包含网红的内容创造能力、变现能力、粉丝的黏性、忠诚度、转化度等。

在采用这种投资方式时，资本方需要承担一定的风险。由于网红的变现能力过于依赖粉丝群体，而粉丝对网红的好恶变化不需要付出任何成本，因此一旦因运营不当导致网红"掉粉"，这种投资就将面临回报率受损的风险。

此外，网红的持续内容生产能力也是考验投资效果的关键因素。对那些依靠内容获得影响力和粉丝关注的网红，长期持续的高质量内容生产能力是其获得粉丝黏性的最直接方式，一旦内容质量下降或内容发布频率变长，都会对粉丝黏性与忠诚度产生负面影响，这也是资本必须要考虑的风险因素。

由于网红的"草根"属性，其言论和行为个性化色彩明显，因此更容易暴露负面信息，这些负面信息的出现对网红形象的影响很大，这也是资本投资的潜在风险之一。

■ 投资网红出品的项目

通过投资网红出品的项目来间接投资网红本体的方式也是资本采用的投资网红方式之一。

采用这种方式的前提是网红需要拥有具备商业前景的可操作项目，这种方式与创业项目投资类似，最大的优势在于由于网红个人影响力与所具备的一定体量的社交资产，项目的初期用户积累阶段已经完成，使项目运营得到了一定的用户保障。

另外，这种方式其实是给资本一个与网红合作的切入点，通过对项目进行投资来使双方互相完成磨合，一旦项目成功，则投资还可以深入进行下去。

对项目进行投资的模式使资本方对网红本体的依赖程度不会像直接投资那么强，投资成功与否主要是看项目本身的运营能力与盈利能力，网红所充当的其实是对项目的一种保障角色，这就使资本在其中运营的空间更大。

无论采用哪种投资方式，对投资行为本身而言，资本投资网红仅仅是进入网红经济的第一步，随后的网红商业化运作才是重点。

因此资本在选定投资对象后，更多地需要考虑如何通过双方的联手制造出更大规模的影响力，实现更多元化的变现。

对于网红本体投资来说，这就需要从提升内容质量、增加曝光度、持续话题炒作、拓展变现渠道等各个方面对网红进行重新的包装与运营。重点在于通过资本的力量延长个人网红的生命周期；阻止粉丝产生审美疲劳；提升普通粉丝到高质量粉丝的转化效率；提升粉丝的变现率；开拓更多元的变现渠道，打造网红的持续盈利能力。

而对于网红项目的投资来说，在关注上述内容的同时，还要注重项目的可操作性、技术能力、运营潜力、盈利模式及项目实施过程中的即时问题，这些都是为了最终确保项目的成功。

最基本的商业模式——合作代言

专注于投资的资本方的运作思路与企业还是存在很大的不同。从企业的角度出发，通过网红进入网红经济除了投资外，还可以采用合作代言的模式。这对企业来说有以下两大好处。

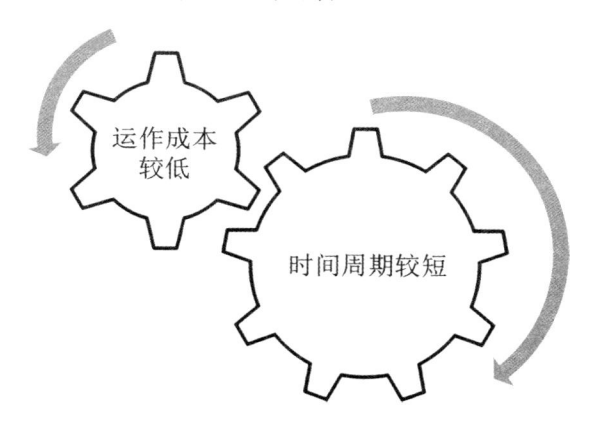

运作成本较低

时间周期较短

企业根据自己的品牌或产品特点来寻找气场相符的网红进行代言，通过网红将品牌或产品传播出去，这是最基本的商业模式。

2015年欧莱雅以七位数的酬金签约了瑞士时尚博主Kristina Bazan。Kristina Bazan与男朋友James一起创立个人博客KAYTURE，在Instagram上拥有超过220万的粉丝。她凭借服饰搭配功力，吸引了大量粉丝的关注，目前已经成为国际知名的博主，博客的照片被大量媒体杂志所采用，许多国际品牌也邀约其代言出席活动。

GAP旗下的Banana—Republic也在其发布的旋转木马广告里让拥有250万Instagram粉丝的时尚博主Aimee Song担任主角。

倩碧在其营销活动中启用了澳洲华裔时尚博主章凝和美国博主Tavi Gevinson联合为品牌代言。

网红代言方式在国外被运用得非常普遍，许多知名企业都会采用这种方式来与网红进行合作。它的逻辑在于把网红绑定在企业的列车上，自然也就相当于把网红的社交资产——粉丝也绑定为企业的用户了。

代言的方式需要双方进行深入了解，涉及的商业程序也较为复杂，一旦合作达成，企业在与网红的合作层面就将享有独占性，因此而形成的商业壁垒也会对企业的品牌产品推广形成保护。

在国内，也有一些企业品牌采用了网红代言的方式，让我们来看下面这个案例。

OPPO为Ulike2拍摄的广告篇最终选择了旅游网红猫力Molly。猫力毕业于华东师范大学，是环球旅行者同时也是专栏作家、穷游网的人气博主。

从大学起Molly便陆续游走日本、韩国、老挝、柬埔寨、泰国、越南、印度、马来西亚、斯里兰卡、伊朗、亚美尼亚、卡拉巴赫、格鲁吉亚、土耳其等国家。她的那句"我只担心一件事，就是死前还没把这个世界看完"的话打动了无数粉丝。越来越多的粉丝通过微博、穷游网等平台跟随Molly的照片和文字游览世界各地，领略各国的人文风情。

OPPO的Ulike2"关于梦想，关于旅行，关于自由，没有烦琐的计划，没有沉重的负担，只有最纯粹的态度"的品牌诉求与Molly的个人气质高度符合，这就是OPPO邀请Molly拍摄广告短片的原因。

OPPO品牌看中的就是"梦想"与"远方"，在广告中借助Molly自我剖析与自我独白的方式，把品牌的理念植入了用户的心中。

OPPO品牌与网红Molly的代言合作的成功之处在于从Molly身上，

OPPO找到了符合品牌气质的契合点，借助Molly在社交平台上长期以来形成的个性化形象点燃了品牌的气质之火，从而使这个广告片在几年后仍然被人们津津乐道。

代言方式的效果固然可靠，但企业必须找到绝对符合品牌气质需求的网红，这无疑增加了难度；此外，代言更加适合品牌推广，而对于产品推广来说可谓"杀鸡用了牛刀"，相对较高的成本与过长的流程让很多中小型企业望而却步。

对于大多数企业而言，与网红合作更快捷的方式就是由网红亲身出面为企业品牌产品做宣传。网红只要在社交平台上发布关于企业的品牌产品信息的内容，效果自然就体现了出来。

企业采用这种合作方式的目的就是利用网红的影响力来扩大企业品牌产品的辐射范围，影响受众的购买决定。它实际上是一种变相的"兼职雇佣"模式，企业为此支付给网红合作或代言的酬劳，来换取网红的粉丝影响力。

在国内这种合作方式已经屡见不鲜，合作的范围以广告合作居多，其模式流程如下所示。

企业找到符合品牌气质的网红或者直接找粉丝覆盖量大的超级网红进行合作 → 网红通过自己的社交账号发布符合企业需求的广告信息 → 按网红发布的信息条目数给网红结算酬劳

这种方式的好处在于合作灵活，双方在契约执行层面分歧较小，企业付出的成本较低；企业的合作方不必局限于某一个网红，可以与多个网红达成合作，扩大品牌产品推广的范围；企业通过这种合作让品牌与产品直接利用网红的影响力，信息推送的目标范围精准且彻底。

　　当然，有利就有弊，采用这种方式，推广的持续性不强，多为一锤子买卖，另外由于网红发布广告的植入技能不同，因此粉丝群体对广告的接收程度就会有差异，这也成为影响效果的一个因素。

第 3 章　网红个人：跻身超级网红

网红是网红经济的主体，他们看起来貌似风光无限，各大新闻中的"某网红月入百万元"的标题无不刺激每一个想成为"超级网红"的人。但想要真正从网红进阶为"超级网红"并不是一件容易的事。它不仅需要网红有颜值、有"一炮而红"的名字、能抗压、能承受负面信息、能接受失败，还要有吸引粉丝的技巧，懂得利用社交新媒体宣传自己和与粉丝互动的策略，掌握变现的秘诀。

建立良好的印象：巧用"颜值"吸睛

所谓"颜值"，就是长得漂亮，身材好。在网红界里，颜值高的网红要比颜值低的网红容易成功得多。但网红颜值高，只是具有了先天的优势，在相同类型的内容中会吸引更多的受众。比如公认的"颜值即销量"的活标本范智乔就是一个很好的佐证。

网红经济是注意力经济，长得漂亮能够先声夺人，引发人们的关注。锥子脸、欧式双眼皮、大长腿几乎成为超级美女网红们的标配。

事实上，在强调多元化的互联网上，一张有特征可被记忆的脸远比流水线操作下的模型脸更有说服力。拥有"眼球效应"的超级网红们，其个人的爱情生活、事业起伏，往往比荧幕上编剧写出来的故事更加精彩。

当然了，在网红行业中的美女可不是只有美貌，在男性比例高达50%的网红队伍中，女主播需要付出相同或者是更多的努力才能获得认可。在这里，有一个十分典型的例子。

在网红圈有一个历时十年仍然长盛不衰的网红——杨冰阳。她在2015年年底开始做淘宝店铺，其销售额在淘宝上排名前十。后来她怀孕了，不能做淘宝店铺了，于是她开始努力写书。她写的4本书在各大电商网站畅销。她有一个280万粉丝的微博，一个百万粉丝的微信公众号，一个情感大V冷爱合伙的女性情感婚恋培训机构。

人们往往只看到了"美女网红月入百万元"这样的标题,却未曾深究标题背后有多少的坚持和努力。

都说现在是一个看脸的时代,但是光靠"颜值高"就可以吗?如果"颜值高"就OK,那光头小眼的游戏网红"叫兽易小星"的千万观众缘从何而来呢?

所以,在这里,我们想要告诉各位网红的是:颜值高是一种优势,但如果没有颜值,也不要紧,你可以利用下面的方法设计你的颜值,给观众留下良好的印象。

作为网红,千万不要忽视自己的外在形象,即使长得并不那么出众,但得体的穿着、整齐的头发、积极的状态会使你成为一个令受众喜欢的人。毕竟90%的人是以貌取人的,正如超级网红陈暖央所说:"顺应以貌取人的潮流,会让你有事半功倍的效果。"

那么,网红应该如何给大众留下一个好的印象呢?换句话说,我们应该用什么样的形象才会对修炼成超级网红起到事半功倍的作用?这时,你可以通过下面的技巧来完成。

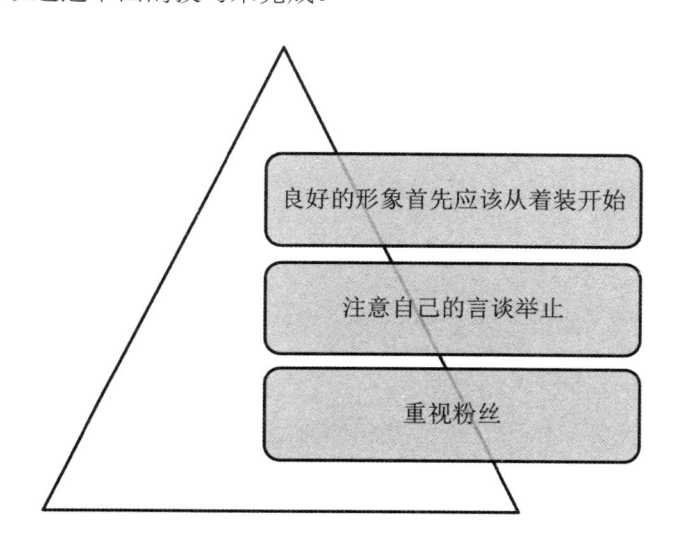

- 良好的形象首先应该从着装开始
- 注意自己的言谈举止
- 重视粉丝

良好的形象首先应该从着装开始

据资料显示：一个人的外在形象95%是通过服装显示出来的。由此看来，良好的形象首先应该从着装开始。网红的着装并不是一件特别复杂的事情，只要把握住以下三个原则就可以了。

服装要适合网红所处的场景 → 服装要干净、得体 → 服装要符合大众的心理

第一个原则：服装要适合网红所处的场景。很多网红都认为自己的穿着就是要漂亮。事实上，这种想法已经过时了。要想成为一名超级网红，应该根据网红的内容、所处的场景、大众的特点和自身的特点等因素挑选适合的着装。

第二个原则：服装要干净、得体。网红不一定要穿名牌，但服装一定要干净、得体，这一点很重要。

第三个原则：服装要符合大众的心理。网红的内容如果是接低气的，最好不要佩戴高级的手表或首饰，打扮得珠光宝气有时会起到相反的效果。

注意自己的言谈举止

作为网红，如果要想与观众交谈时塑造良好的形象，就必须注意自己的言谈举止，做一个文明的人。因为一个人的言谈举止大概可以反映出这个人的态度。所以在与粉丝交谈时应该尽量避免各种不礼貌或者是不文明的习惯，对待粉丝要积极、热情、友善。

■ 重视粉丝

重视粉丝是直播主持人对观众表示尊敬的具体表现，你重视粉丝，粉丝才会心甘情愿地做你的粉丝，进而打赏你，愿意买你推销的产品。那么，如何体现对粉丝的重视呢？你可以尝试以下几点。

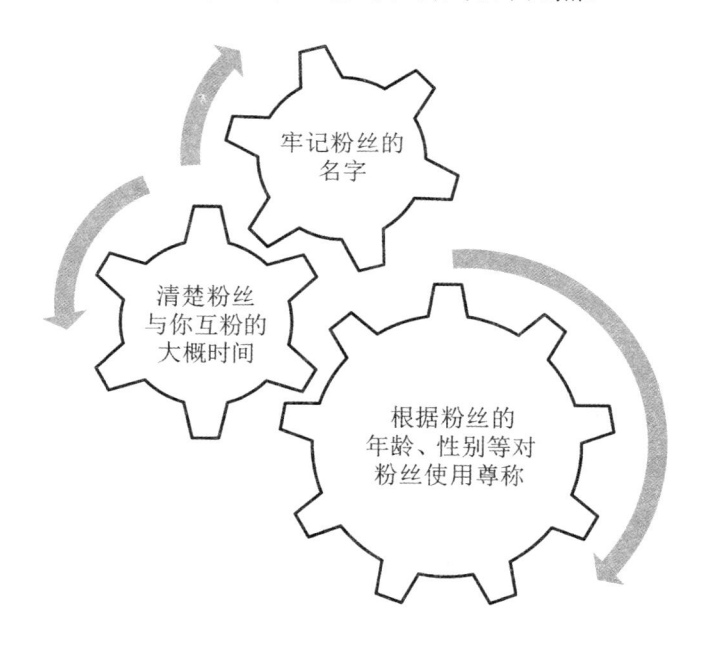

- 牢记粉丝的名字
- 清楚粉丝与你互粉的大概时间
- 根据粉丝的年龄、性别等对粉丝使用尊称

其实，给大众留下良好的印象的方法有很多，但万变不离其宗，以上三个是最基本的技巧，是超级网红在面对大众时必须做到的。

当然，这样的技巧不是网红在短期内就可以学会的，需要网红时时注意自身形象，在给大众留下良好的印象后，才可以畅快地进行变现。

"颜值"对超级网红的作用相当于一把尺子，会自动为网红成功与否做出限定。那么，从此刻开始，给大众留下良好的印象，让你的"颜值"缓缓地流进大众的心里。

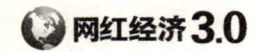

取个"一炮而红"的名字:要走红,先取名

要想成为一名超级网红取决于很多因素,但是有一点,是必须要拥有的,那就是要先有个好名字。

"要走红,先取名",恐怕是超级网红修炼里的一个"潜规则"。其实,为未来可能成为超级网红想一个好名字,这本身就是一种很好的自我营销。虽说如今是个看脸的时代,但有时候,名字够好的话,长什么样都无所谓。

■ 取名字的三大原则

超级网红要想取个好名字,必须遵循以下三个原则。

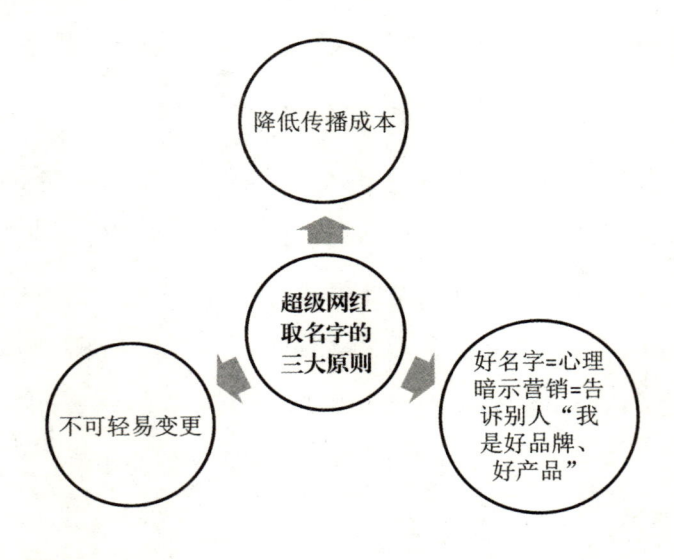

```
                降低传播成本
                     ↑
                     |
            超级网红
            取名字的
            三大原则
           ↙         ↘
    不可轻易变更    好名字=心理
                    暗示营销=告
                    诉别人"我
                    是好品牌、
                    好产品"
```

好名字=心理暗示营销=告诉别人"我是好品牌、好产品"。比如，看到"一朵绵花"这个名字会不会立刻让你有一种文艺、柔软、舒适、温暖的感觉？也能让你联想到跟棉相关的产品，如床品、毛巾等。仅仅四个字，就能直接传达出业务范围是全棉制品，更能传达出推崇温暖、舒适、高品质的品牌调性以便于更好地连接目标用户。

不可轻易变更。取名字一定要慎重，预先考虑周详，综合各个方面的因素取名，取好后就不要随意更改。有的网红三天两头变更名字，有时候连自己都不记得这个名字是否用过，别人就更记不住了。

降低传播成本。名字好是引爆自传播的关键和基础，特别是新手网红早期无推广预算的情况下，取个好名字可以降低传播成本。

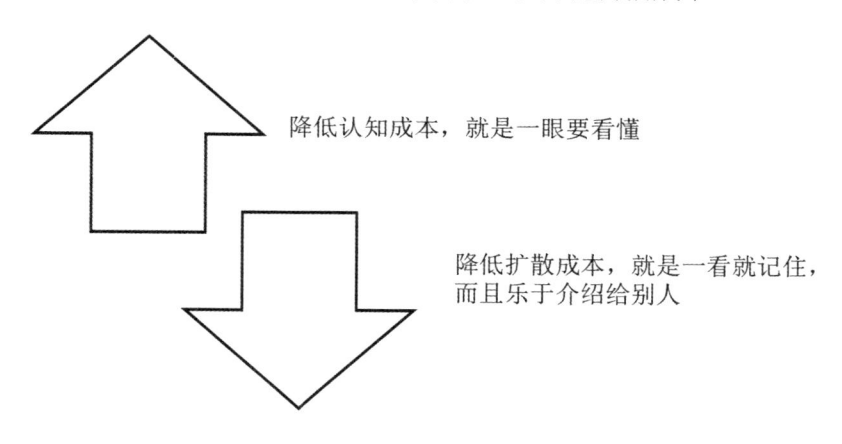

⬆ 降低认知成本，就是一眼要看懂

⬇ 降低扩散成本，就是一看就记住，而且乐于介绍给别人

■ 如何给自己取名字

知道了成为超级网红取名字的三大原则，接下来，你一定会问：如何给自己取名字呢？这正是下面想告诉你的具体方法。

网红给自己取名字有以下三个方法可作参考。

```
        ╱╲
       ╱  ╲
      ╱    ╲  ┌──────────┐
     ╱      ╲ │ 简洁易识 │
    ╱        ╲└──────────┘
   ╱          ┌──────────┐
  ╱          ╱│ 独特易记 │
 ╱          ╱ └──────────┘
╱          ┌──────────┐
          ╱│ 流畅易读 │
         ╱ └──────────┘
```

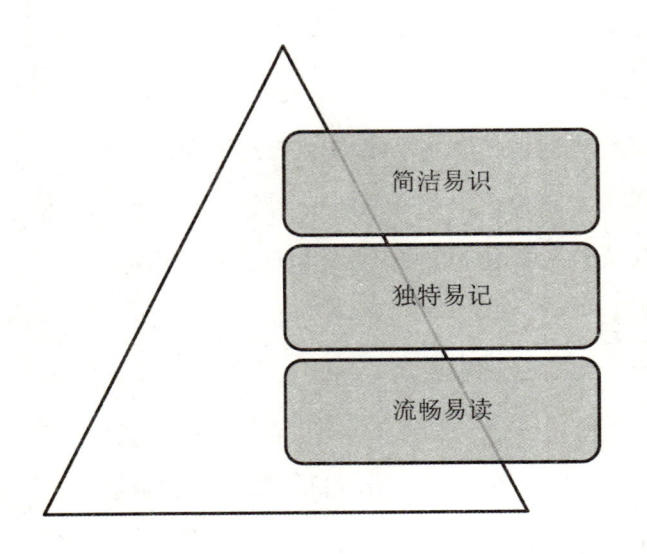

简洁易识。作为一个网红，名字简洁很重要，简洁才易于识别。名字的作用就是区别不同网红的符号，这个符号必须先具有可识别性。从认知的角度来说，不可识别的名字就是一个失败的名字，很容易被淹没在信息的海洋里。

而一个可识别的名字，应该具有简洁、易认、易记、一目了然的特点，这样才有助于提高消费者对网红的关注度，这是网红的最基本价值所在。

独特易记。"易记"强调名字必须让人毫不费力就能记住，"独特"则有两层含义：一是有意，二是无意。

有意就是名字先天具有含义，是指名字本身具有特定的原始意义，既可表达相关含义，又给人留下想象的余地。无意就是名字没有原始含义，是完全杜撰、创造出来的，因此也是独一无二的。

流畅易读。名字选择流畅顺口、易读、易说的字词，可以加速粉丝的传播。

提升抗压能力：不是人人都适合做"超级网红"

如果把网红看作一类职业的话，那么想要成为"超级网红"，你首先应具备强大的抗压能力。

网红看似工作随意、自由，实则也要背负工作压力，拍照、修图、与粉丝互动都需要很多时间。受欢迎程度越高、影响力越大，这种压力也就越大。

著名的健身网红贡一就曾在接受采访时说，她只能用课程之外的时间来工作，而且每周还要坚持健身，时间总是很紧迫。

出身于天涯社区的网红ayawawa需要每天推送微信公众号文章，还需要回答粉丝的提问。据其经纪人介绍，ayawawa工作量很大，每天的工作要花费大量的时间和精力。

随着网红行业越做越大，粉丝对网红的要求也在不断提升，因此"超级网红"的养成条件也变得越发苛刻。我们一起来看一下某公司招募网红的要求：

你最好是幽默搞笑的段子手，不爆话题不舒服！

你最好是爱分享、爱热闹的白羊座或射手座，活泼开朗！

你最好爱微博，爱泡吧，爱直播，并且还能写得一手好文章！

你最好会卖萌会搞笑，关注未来娱乐发展方向！

你最好脑容量爆表，存有大量段子、句、词，能随时调出来用！

你最好是网红脸，让人看到就喜欢！

从上面招募网红的要求,我们可以看到,对于网红基本素质的要求不可谓不高,能够满足此条件的网红个个都是全能。这还仅仅只是对初级网红的要求。

一旦有了一定规模的粉丝基础,进阶版的网红就需要具备更多能力,面对更多工作。当长时间的工作、绞尽脑汁的思考、合同指标的达成、销售指标的兑现、同行竞争的加剧等各种各样的压力纷至沓来的时候,网红的抗压能力就显得十分重要。

那么,网红应该如何提升自己的抗压能力呢?你只要记住以下三个技巧就可以。

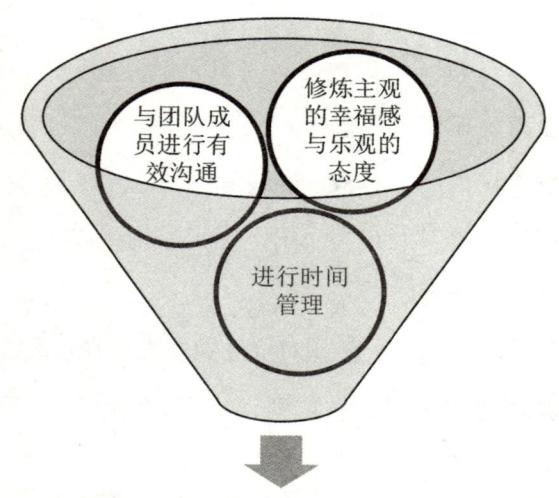

成为超级网红提升抗压能力的三大技巧

- 与团队成员进行有效沟通
- 修炼主观的幸福感与乐观的态度
- 进行时间管理

■ 与团队成员进行有效沟通

每个网红背后都有团队支持,因此当面对工作压力束手无策时,你可以寻求团队成员的帮助,采用沟通的方式来化解压力。

当然你还要注意保证沟通的有效性，无效沟通不仅浪费时间而且无助于排解压力。

■ 修炼主观的幸福感与乐观的态度

对未来的担忧是压力的重要来源。这是因为未来的事情，任何人都无法预测。要知道对未来的担忧不仅会耗费大量的精力而且无益于解决问题。因此，主观的幸福感与乐观的态度是需要修炼的重点。

训练主观幸福感是为了培养体验快乐、欢欣、知足、自豪、欣喜、感激等愉悦情绪的能力。虽然这些情感体验大多是人与生俱来的生理反应，但通过训练，可以强化对这些情感体验的强度和持久度。

同样的，训练乐观态度旨在培养自信乐观、自主行动、自如表达、坚韧力等特质。

通过上述的训练，可以帮助克服压力所带来的恐惧感。

■ 进行时间管理

在各种压力中最常见的一种便是进度压力，比如必须在某个时间点到来前完成某项工作。而这种压力出现的原因大多是因为网红对于时间管理的不当。

比如我们常常能够看到有人在抱怨时间太紧或懊悔自己没能抓紧时间。那么如何消除这种压力呢？这里有两个很好的小技巧供参考。

网红经济3.0

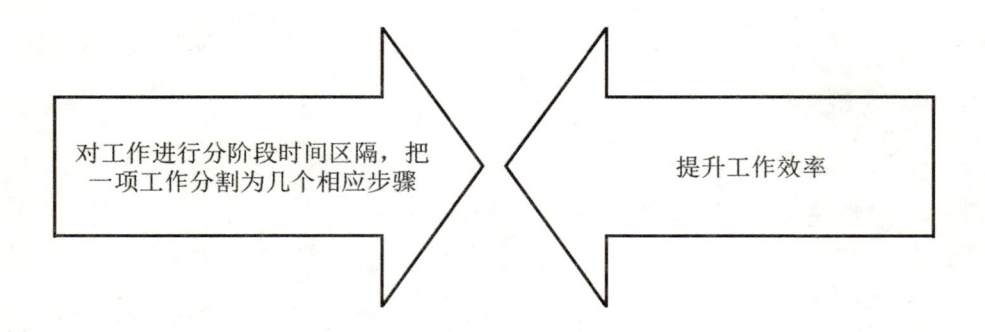

```
对工作进行分阶段时间区隔，把     →    提升工作效率
一项工作分割为几个相应步骤
```

积极应对网络上的负面信息：想出名，就别怕

  由于网红职业的特殊性，这一群体始终是被粉丝、媒体高度关注的对象，因此在获得关注的同时，也会产生正面与负面的信息。

  其中，正面信息包含赞扬、支持；而负面信息则包含质疑、诋毁、吐槽等。

  有数据显示，人们对正面信息的接受程度要远远超过负面信息，接受正面信息会令人产生愉快、自信等正面情绪。而负面信息则容易使人产生烦躁、排斥、压力甚至癫狂的负面情绪。网红由于与粉丝的距离过近，其言行的被关注程度高，因此极易产生负面信息。

  在这里，有一个十分典型的例子。

  YouTube订阅量最高的频道PewDiePie的主播Felk Kjellberg是一个20多岁的瑞典男生，2015年他的收入达到1200万美元（在YouTube上视频观看次数越多，就能得到越高的广告收入）。

  不过这位网络视频红人2016年年初却制作了一个略带抱怨和疑惑之情的视频："取悦你的观众"。在视频中他表示，自己的粉丝写下那些不好的评论，只是因为自己没有玩那些他们想看的游戏。而且他们也不满PewDiePie在成名之后的各种变化,比如换了录影的地方等。

PewDiePie在YouTube上的成功无疑是巨大的。截至2015年12月,其所有视频的播放量已经超过100亿,但是粉丝的增多让他变得有些左右为难。

上面的案例带给我们一些启示,网红虽然能够成为粉丝群体的影响者,但他却无法控制每一个粉丝的言行。当网红的某些行为或语言与粉丝的期望出现偏差时,粉丝发出负面信息和他发出正面信息一样简单。

如果网红没有很好地处理负面信息的能力,那么一旦负面信息开始扩散,媒体就会起推波助澜的作用,那个时候网红的承受底线将遭遇严峻挑战。

既然负面信息的发布源头无法控制,那么网红在规范自身言行的基础上也要做好负面信息的应对准备。由于负面信息对人所产生的消极影响非常危险,从而修炼负面信息承受能力格外重要。

那么,网红如何应对网络上的负面信息呢?这里有三个有效的小方法。

时刻做好心理准备	• 任何时候,任何行为、语言都可能诱发负面信息出现,因此你要在心理上时刻做好准备,才能做到临危不乱,处乱不惊
找到负面信息处理方式	• 既然负面信息已经出现的事实无法更改,那么采用正确的处理方式将其化解才是正确的选择
放平心态控制情绪	• 每个人在被指责、吐槽、非议时都会产生强烈的心理波动,控制情绪从而减小心理波动幅度有助于度过危机

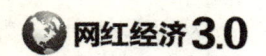

提高抗挫折能力：成功永远属于越挫越勇的人

任何职业想要获得成功都不简单，网红尤其如此。当面对粉丝量增幅低、关注度不够、变现瓶颈、同质化竞争等难题的时候，网红心里会产生挫折情绪，轻者使自己变得不够自信，严重者会影响职业发展。

抗挫折能力的修炼能够帮助人在面对逆境时积极应对，跨越挫折。

网红如何提高抗挫折能力？其实一点都不难，只要记住以下三个技巧就可以。

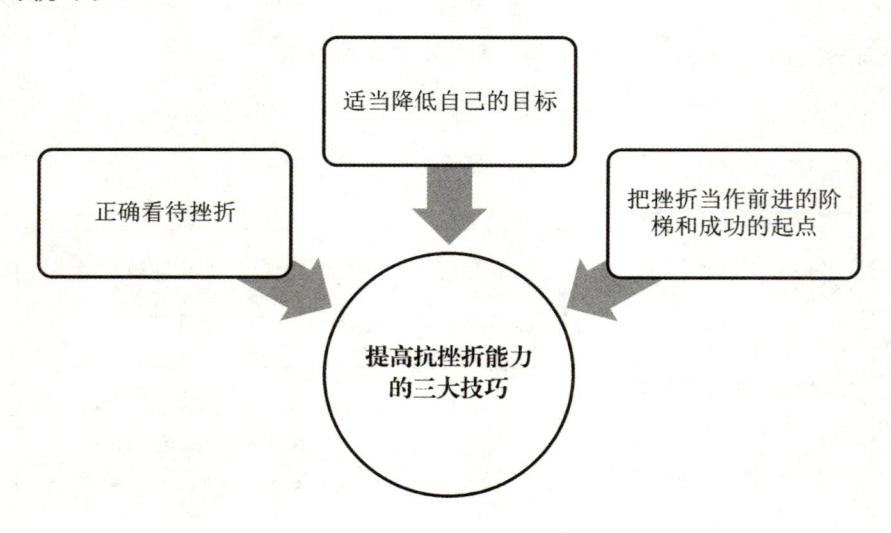

```
        ┌─────────────────┐
        │ 适当降低自己的目标 │
        └─────────────────┘
                │
┌──────────┐    ▼    ┌──────────────────┐
│正确看待挫折│  ───▶  │把挫折当作前进的阶 │
└──────────┘    ▲    │梯和成功的起点    │
                │    └──────────────────┘
         ( 提高抗挫折能力 )
         (   的三大技巧   )
```

■ 正确看待挫折

首先要认识到挫折是普遍存在的，从某种意义上讲，挫折是网红职业中的一部分。对于职业发展来说，其上升的方式都是曲折、螺旋式的上升。因此挫折总是伴随其中，关键在于如何去看待它。如果认识到挫折是网红职业中不可避免的组成部分，那么就会对挫折有充分的心理准备，从而敢于向挫折挑战。

■ 适当降低自己的目标

事实证明在达不到预定目标时，就容易产生挫败感。因此适当降低自己的目标有利于抑制挫折感的出现。

比如当把粉丝数量或变现数量当作目标时，可以采用循序渐进的方式，由低到高设定目标；或者把目标拆分成几个不同的阶段，每个阶段完成总目标的一部分。这样做的好处是不仅减轻了任务压力，还抑制了可能因目标未达成而产生的挫折感。

■ 把挫折当作前进的阶梯和成功的起点

挫折具有双重性，一方面它带来了打击与困难；另一方面，挫折并不都是坏事，它促使人们通过主动行为来改变现状，在这一过程里磨炼了性格和意志，增强了创造能力与智慧，也使人们对生活与工作的认识更加深刻、更加成熟。

在成为超级网红的道路上，压力、负面信息与职业挫折总是会伴随出现。有业内人士就表示：网红的抗压能力、心理承受能力必须要强，情商一定要高，因为只有具备这样能力的网红，才能够招架得住网络上的误解、嘲讽，甚至是不怀好意的骚扰。由此看来，每一个"超级网红"都应该有一颗"强大心脏"。

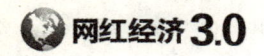

强力吸引粉丝：得粉丝者得天下

如今的"网红"和从前的网红差别很大，后者的成名有很大的偶然性。他们中有的是因为新闻事件引发关注，有的是作为公共意见领袖而成名。尤其在BBS时代，网红基本都有着出色的个人魅力，他们往往文采出众，经常与网友交流、和对手论战，久而久之就在江湖成名。

即便像芙蓉姐姐、凤姐这类不走寻常路的网红，也都有着鲜明的个性，辨识起来非常容易。那时的网红还有一个特点，就是虽然也拥有大量的粉丝，但与粉丝之间却没有直接的利益往来。

而如今的"网红"从出现那一刻开始就有着明确的目的性，这一目的就是从粉丝身上实现变现。因为存在这样的利益需求，所以如今的网红要想成为一名超级网红，必须拥有吸引粉丝的能力。

那么，网红应该如何吸引粉丝呢？要想吸引粉丝，必须按照以下三个步骤进行。

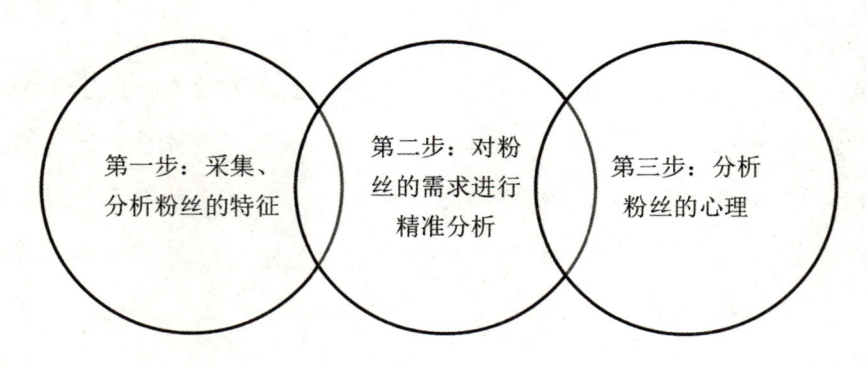

第一步：采集、分析粉丝的特征

第二步：对粉丝的需求进行精准分析

第三步：分析粉丝的心理

第一步：采集、分析粉丝的特征

要想吸引粉丝，首先要区分粉丝类别，也就是了解粉丝是谁。

粉丝类别的划分方式有很多，根据不同标准可以进行不同的划分。比如依据年龄段、性别、文化程度、行业（职业）、收入、区域、语言、使用资源类别、关注内容等。对于网红来说，最有实用价值的分类一般包括年龄段、收入结构与关注内容等类别。

如果把网民按年龄段划分，我们可以看到：

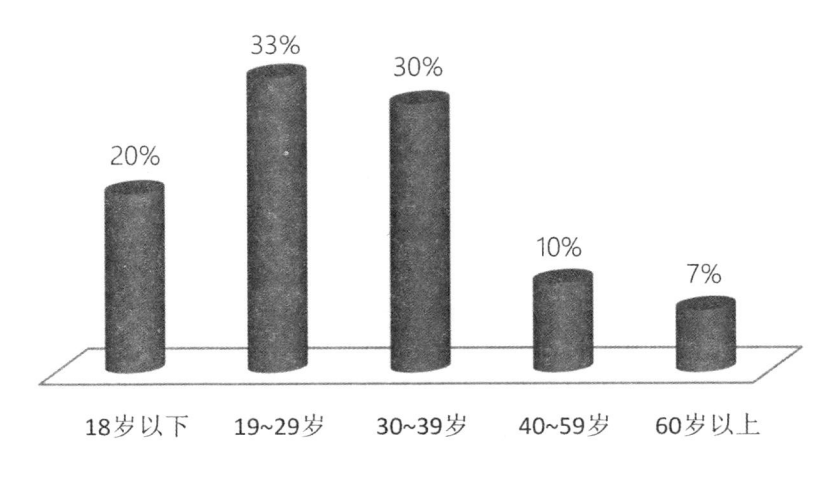

网民年龄结构图

18岁以下	19~29岁	30~39岁	40~59岁	60岁以上
20%	33%	30%	10%	7%

上图数据显示：截至2016年12月，我国网民以19~39岁群体为主，占整体的63%。其中，19~29岁年龄段的网民占比最高，达33%。从这一数据可以看出，网红可以把粉丝群体锁定在19~39岁年龄段的用户。

如果把网民按收入等级来划分，我们可以看到：

网红经济 3.0

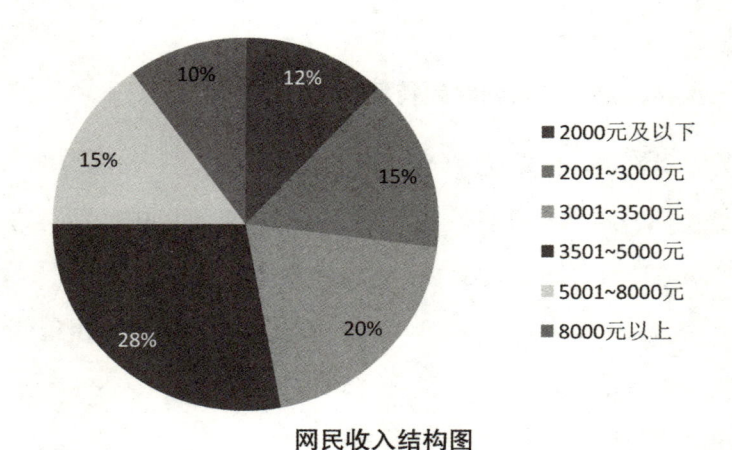

网民收入结构图

- 2000元及以下：12%
- 2001~3000元：15%
- 3001~3500元：20%
- 3501~5000元：28%
- 5001~8000元：15%
- 8000元以上：10%

上图数据显示：截至2016年12月，网民中月收入在3001～3500元、3501~5000元的群体所占比重较高，分别为20%和28%。对比2015年的数据可以看出，随着社会经济的发展，网民的收入水平也逐步增长，收入在3000元以上的网民人群占比提升了45%。

这一数据对网红来说尤为重要，显然，月收入在3001～5000元的粉丝将在网红粉丝群体中占据多数。这一数据可以帮助网红对粉丝变现的综合能力有所预判。

如果把网民按其关注内容的类别来划分，我们可以看到：

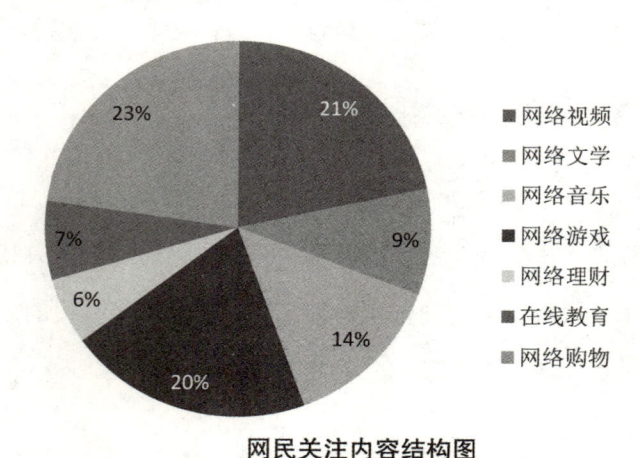

网民关注内容结构图

- 网络视频：21%
- 网络文学：9%
- 网络音乐：14%
- 网络游戏：20%
- 网络理财：6%
- 在线教育：7%
- 网络购物：23%

上图数据显示：网络视频、网络音乐、网络游戏和网络购物的使用人群数占比较高，这也为网红锁定粉丝提供了方向。

通过对上述的一些数据的综合分析，再考虑到网红自身的特点，想要圈定目标粉丝群体其实并不困难。当你知道粉丝是谁的时候，接下来就要去分析粉丝的需求了，这才是网红吸粉的重点。

有一点需要注意，不同的网红，粉丝群体特征不同，因此在采集与分析粉丝数据时不要照搬抄袭，而是应该从自身情况出发，对数据做出正确的解读。

第二步：对粉丝的需求进行精准分析

想要了解粉丝的需求，首先要明白粉丝需求是如何产生的。要了解这一点，我们可以通过著名的马斯洛需求理论来实现。

马斯洛需求理论阐述了人的需求来源，即下列五项需求。

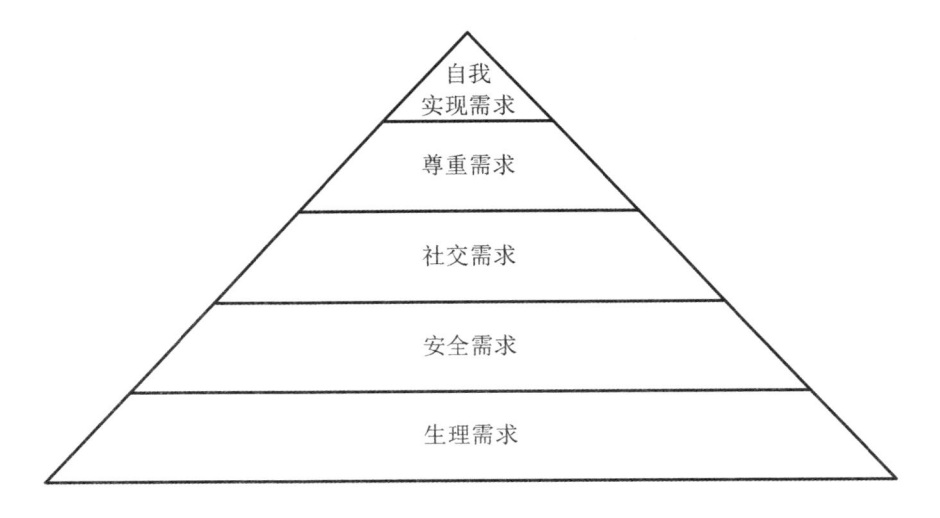

```
          自我
        实现需求
       ─────────
        尊重需求
      ─────────────
        社交需求
    ─────────────────
        安全需求
  ─────────────────────
        生理需求
```

从网红经济的层面来看，网红的出现主要是为了满足粉丝的社交需求，同时如果能够部分满足粉丝的尊重需求或自我实现需求，那么将是最为成功的。

我们首先来分析社交需求，如果把网络用户的社交需求进行分类，大致有以下三种。

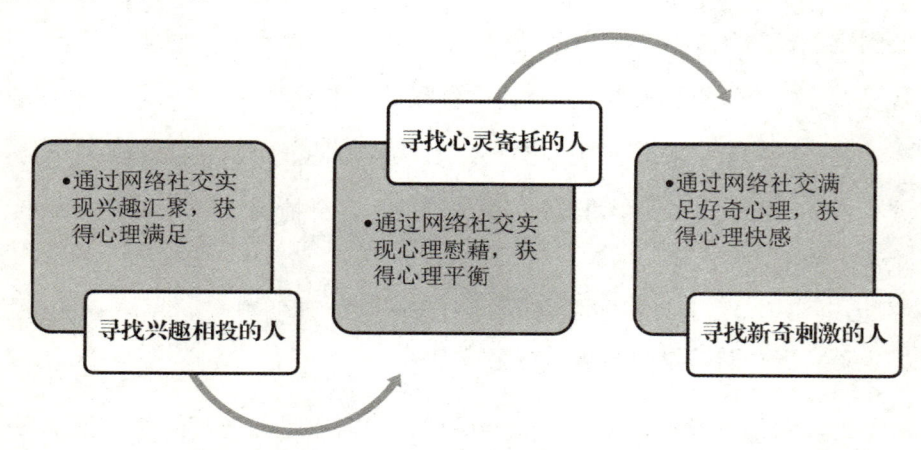

- 通过网络社交实现兴趣汇聚，获得心理满足

寻找兴趣相投的人

寻找心灵寄托的人
- 通过网络社交实现心理慰藉，获得心理平衡

- 通过网络社交满足好奇心理，获得心理快感

寻找新奇刺激的人

这些社交需求发出的强烈程度各不相同，得到满足的难易程度也有所区别。比如用户寻找兴趣圈子的社交需求程度非常强。根据中国用户移动社交的行为报告里的调查数据，近九成的用户会在网上寻找兴趣聚合圈，其中更有51％的用户会"经常"寻找兴趣聚合圈。由此可见，用户对相同兴趣的圈子有着非常强烈的需求。由于兴趣分类的群组目前在许多社交平台上都已经发展成熟，因此通过相同兴趣爱好的方式来聚合粉丝并不困难。以在线直播为例，球赛直播间必然会聚集喜爱球类运动的粉丝，而德州扑克直播间则会吸引德州扑克的爱好者。通过这种方式"吸粉"往往最快、最有效。

心灵寄托需求由于具有隐性特征，因此在社交初期并不容易被发现，它常常隐藏在较为明显的其他社交需求背后。对心灵寄托需求的挖掘则需要一个较长的时间段，在反复的互动沟通中才能实现。然而，满足粉丝此种需求的好处是，粉丝会因此对网红产生较高的忠诚度，极利于今后的变现。

新奇刺激需求是网络快餐文化背景下产生的需求类别,满足此种需求的难度虽然不大,但对网红来说粉丝聚合效果并不佳。由于缺乏情感共识与共同的价值观基础,粉丝的凝聚力不会很强,除了不理智的冲动消费可能带来的变现外,对网红品牌的长期运营并不能起到促进作用。

相比于社交需求,对粉丝的尊重需求与自我实现需求的满足相对困难得多,它需要网红在与粉丝的互动中具备沟通的敏感度与情感的投入度,运用沟通技巧来实现。例如,在线直播时面对粉丝的提问、观点等发言,如果不能及时做出回应,其实就丧失了满足用户尊重需求与自我价值实现需求的机会。

综上所述,进行粉丝需求的精准分析是网红吸粉的重要环节,只有解决了需求问题,在接下来的内容输出上才能做到因地制宜、有的放矢。

第三步:分析粉丝的心理

了解粉丝心理使网红在吸粉时能够知己知彼,投其所好。在常规的粉丝心理分析中,把粉丝所具有的特殊心理表述为以下三点。

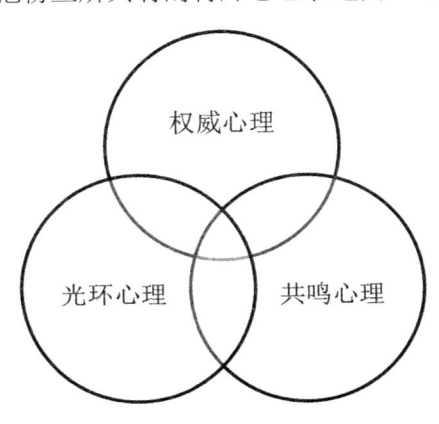

权威心理

光环心理　共鸣心理

共鸣心理。共鸣效应是指网红在向粉丝输出内容时，内容里的观点、思想、经历等正好是粉丝喜欢或具有同感的，让粉丝感觉到网红的思想观点与他们认可的思想观点是相近的，从而唤起了受众的心理共鸣。

共鸣效应一旦出现就能够有效地消除粉丝的防范心理，减少信息内容传播的接收障碍，形成传、受双方情投意合的互动氛围。

权威心理。它是指信息传播者个人或组织的权威性对受众能够产生正面的心理影响作用，从而影响信息传播的效果。也就是说当粉丝把信息传播者放在高权威性的位置上时，他就会认为信息是可信的。在这里，有一个十分典型的例子。

"财经网红"李大霄是英大证券首席经济学家，曾因发表"地球顶""钻石底""婴儿底"等股市概念观点而走红，被称为"财经界第一网红"。

2009年2月2日，李大霄在证券报刊发文章，预测了市场的大底，并让他获得相当的知名度。不过，让他真正出名的是2012年2月抛出的"钻石底"观点。"钻石底"红过后，A股从2014年7月迎来了一波波澜壮阔的牛市，也为坚持唱多的李大霄带来了巨大声誉。

网红李大霄的信息传播之所以获得成功，很大程度上是威信影响的结果。李大霄是英大证券首席经济学家，这一"学者"身份配以专业的预测评论和成功的预测经历，让粉丝对李大霄的观点从心理上很容易产生认同感。

光环心理。这是粉丝的一种特殊心理，是一种爱屋及乌的强烈知觉，就像月晕的光环一样，向周围弥漫、扩散。网红普遍利用的就是这种效应。

粉丝在看到网红推荐的商品或发布的广告时，会不由自主地把自身对网红的喜爱嫁接到商品或广告上，于是对商品和广告也产生信任感。这种效应广泛应用于网红经济里的网红变现环节。

上述这些粉丝常见的特殊心理在网红对粉丝进行内容传播时常常会潜移默化地运用其中，所起到的效果往往出乎意料地好。

利用社交新媒体宣传自己并与粉丝互动

新媒体尤其是带有社交属性的新媒体的出现为网红提供了展示自我、与粉丝近距离互动的渠道。那么，要想成为一名超级网红，必须学会哪几种社交新媒体的使用？

要想成为新一代的超级网红，必须熟练使用以下四种社交新媒体。

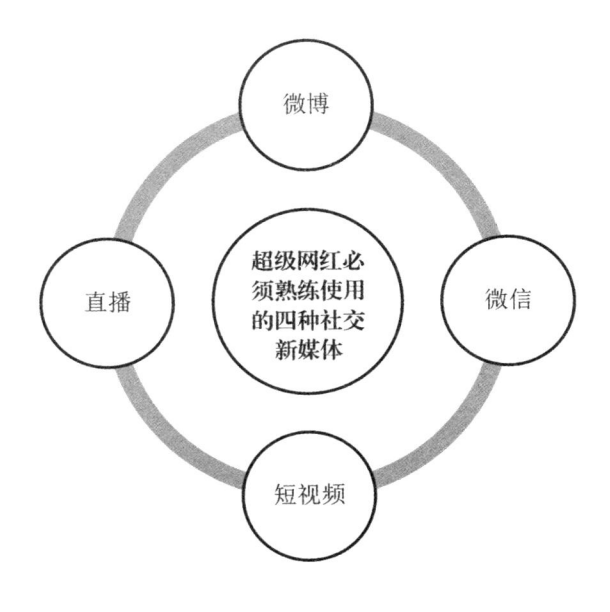

超级网红必须熟练使用的四种社交新媒体：微博、微信、短视频、直播

这四种社交新媒体在网红的日常工作里使用率非常高，超级网红必须要具备熟练使用这些社交媒体的能力。

想要修炼这一能力，不仅要了解这些社交媒体的基本属性与功能，还要熟悉在这些媒体上的互动方式与粉丝习惯。下面我们将一一介绍这四种社交新媒体的属性与使用技巧。

■ 微博：让粉丝在不知不觉间进入互动的交融中

作为网红的聚集地，微博的社交属性被发挥得淋漓尽致。别看小小的一条微博容量仅是140个字，但却被网红们用到了极致。

日常生活化的信息交流、互动、展示成为网红在微博上最热衷的展现内容，真实、亲切、接地气的生活化表达能够瞬间拉近同粉丝之间的距离，让社交变成了网红与粉丝之间的一种生活方式。这样的社交脱离了利益的牵绊，看上去非常纯粹，因此能够调动起粉丝的情感，让粉丝在不知不觉间进入互动的交融中，与网红建立起关系模式。这就是网红在微博里打出的生活牌。

网红屠程瑶经常会在其微博fishdo里发布关于自己生活的内容，所选取的照片富有生活气息，再加上她甜美的外形，令粉丝竞相追捧。目前她新浪微博的粉丝数已经超过120万。

那么，网红应该如何利用微博宣传自己并与粉丝互动呢？具体来说，有以下五大技巧。

[图：天平示意图，左侧"@微博好友"，右侧自上而下"高频、有奉献精神的心得和攻略分享"、"创作幽默搞笑的段子"、"善用'话题'"、"转发抽奖、节日红包等福利诱惑"]

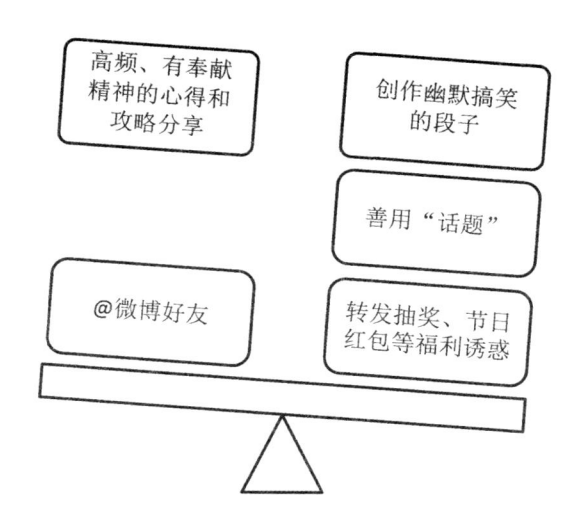

高频、有奉献精神的心得和攻略分享。 作为时尚、美食、旅游、化妆等细分领域的网红，高频、有奉献精神的心得和攻略分享成为吸引定向粉丝的制胜秘诀，当垂直内容切入网红产业链时，用户自然纷至沓来。

作为微博上知名的化妆达人，网红"美妆夹子"经常在微博里与粉丝就化妆技巧、化妆品等话题进行互动，把自己的化妆技巧拿出来分享，在没有任何引流的情况下，其新浪微博的粉丝量接近14万。一旦成为这类网红，当粉丝变现时，由微博向电商转化就水到渠成。要知道，心得攻略无价同时又可免费获得，粉丝何乐而不为呢？这就是网红在微博里打出的分享牌。

创作幽默搞笑的段子。 网红以当下社会现象为素材所创作的段子、视频成为微博上的另一道风景。网红"留几手"简单粗暴的语言、犀利不留情面的表达，恰好切中粉丝的心底痛点，他的走红也就顺理成章了。

热点事件引发的段子体之风点燃了粉丝的激情，模仿造句也成为网红的一种借机造势的利器。除此之外，依靠可爱、搞笑、萌宠的图片和视频来获得粉丝的关注也是网红们的拿手好戏。这些内容形式就是网红在微博里打出的搞笑牌。

善用"话题"。使用微博的"话题"来建立关于这个话题的主页也是网红扩大影响力的重要方式。持续建立这个领域的某一个兴趣话题，此领域的相关用户便会蜂拥而来，随着参与话题的用户越来越多，用户会自发引爆话题传播，由此进一步增大和网红的互动范围，而网红的可传播范围也会随之扩大，从而通过推动话题的扩散来提升网红的知名度与影响力。因此，善用"话题"同样是网红微博技能的技巧之一。

转发抽奖、节日红包等福利诱惑。互联网刚刚走入人们视野的时候，很多平台与应用都是免费的，但是随着互联网生态圈的变化，付费的概念逐渐兴起，就如同传统产业一样，成为一个轮回后的必然。如此一来，"免费"竟然成了一种福利形式，成为引爆社交网络的一大利器。微博转发抽奖、节日红包等福利诱惑成为网红经营粉丝的又一大招。这就是网红在微博里打出的福利牌。

@微博好友。"@（艾特）"是微博中的一个最普遍的行为，它是你主动要告诉微博好友的一个动作，因此，"@"是网红在微博上的必备技巧。但是要注意"@"不可随意使用，一般适用于熟悉人之间的告知动作，目的是要唤起被"@"人的转发、评论和进一步的互动。因此，在微博的社交空间里，"@"可以被视为网红品牌运作的协同工具。

微博能够使网红通过展示自我来与粉丝互动，从而吸引粉丝，实现影响力提升的目的，甚至在今后变现时也能够发挥作用，因此对微博使用的熟练程度对网红来说尤为重要。

■ 微信：对粉丝的筛选程度更强

作为更倾向于营销层面的社交工具，微信与微博的不同之处在于对粉丝的筛选程度更强，目前它已经成为网红重点推广的社交平台。

在微信的众多功能中，公众号是被网红运用最多的。从开通社交平台公众号到生产内容再到吸引用户关注，最后把普通用户变为粉丝从而最终实现粉丝变现，这就是在微信平台上粉丝变现的基本流程。

由于微信的内容承载量更大，因此网红通过微信平台"吸粉"对其输出内容的要求相比于微博要更高。从另一个角度来看，内容是依附于公众号定位的，因此在做公众号时定位必须清晰，它包括："你是谁""通过公众号向谁提供什么""你提供的内容有什么特点""你的目标用户是谁""你能给他们带来什么价值"……

那么，用户一般会基于哪些原因去关注一个公众号呢？总结起来有以下三个。

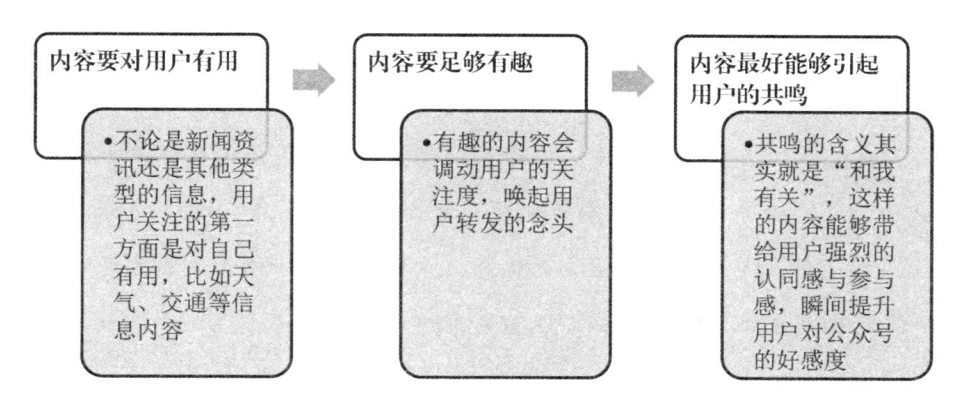

内容要对用户有用	→	内容要足够有趣	→	内容最好能够引起用户的共鸣
•不论是新闻资讯还是其他类型的信息，用户关注的第一方面是对自己有用，比如天气、交通等信息内容		•有趣的内容会调动用户的关注度，唤起用户转发的念头		•共鸣的含义其实就是"和我有关"，这样的内容能够带给用户强烈的认同感与参与感，瞬间提升用户对公众号的好感度

当公众号进入运营阶段后，要把握一些规则。比如要有对内容发布周期的规划，保证内容生产出来满足用户需求；要有对内容发布时间段

的规划，在尽量相同的时间段内发布新内容有助于培养用户的主动阅读习惯；在内容配图上切勿随意，不要选取那些虽然很有美感，却和内容关联度不高的图片。

由于微信庞大的用户群体，网红当然不能错过。因此，对微信功能与特性的学习是提升网红社交媒体使用能力的重要一环。

■ 短视频：精准地让网红把想表达和呈现的场景分享到社交圈

如今，随着4G网络的普及，通过手机视频进行社交开始成为新的流行表达方式。这其中，具有"时长短、频率高"特征的短视频成为新的主流社交形态。

近两年，短视频市场的新产品层出不穷，除美拍、小咖秀外，还有趣拍、秒拍等，这些应用为网红在短视频领域施展才华提供了条件。

短视频的内容形式能够更加完整与精准地帮助网红把想表达和呈现的场景分享到社交圈；同时，这种方式包含了从语言、图像到人物表情甚至情节等各种不同的形态，相比单纯的图片、语言、文字来说，能够承载更多的信息量。

黄文煜，出生于1993年，福建人，大学就读于厦门南洋学院。被粉丝称为"二哥"，因为其发布的短视频幽默直戳笑点，而得到许多关注。2013年，江西卫视一档集脱口秀、风趣幽默于一体的大型生活节目《家庭幽默录像》播出了黄文煜搞笑视频片段，博得了观众开怀一笑，证明他的幽默天赋已获得大众认可。在获得了几百万粉丝的关注后，黄文煜正式跻身"超级网红"行列。

网红想要玩转短视频，离不开以下三个层面。

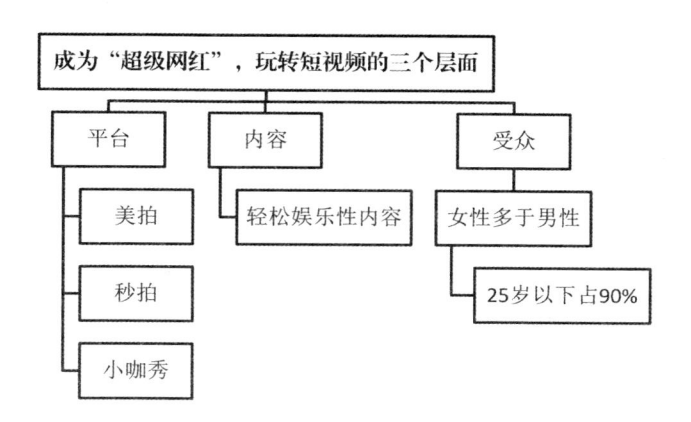

```
成为"超级网红",玩转短视频的三个层面
├── 平台
│   ├── 美拍
│   ├── 秒拍
│   └── 小咖秀
├── 内容
│   └── 轻松娱乐性内容
└── 受众
    ├── 女性多于男性
    └── 25岁以下占90%
```

平台层面。目前主要的短视频平台包括美拍、秒拍、小咖秀等。这些平台的特点与优势不尽相同。

"美拍"是"美图秀秀"旗下的产品,它通过滤镜、特效等模版美化视频,内置分享机制,融入了社交元素。

"秒拍"的宣传语是"10秒拍大片",它背靠微博,聚集的网红明星最多,能够实现一键分享到微博与微信朋友圈的功能。

"小咖秀"的功能略有不同,它向用户提供音频字幕对口型的功能,像唱卡拉OK一样,比较适合创作搞怪视频。

内容层面。纵观如今比较成功的短视频,主要是提供上下班途中、茶余饭后、临睡前的轻松娱乐性内容,涵盖生活化的搞笑内容、时尚美食、音乐舞蹈、明星名人、萌宠、旅行等。

有数据显示,在短视频的受众里,女性比例要远远高于男性。在关注网红的群体中,20岁以下占近40%,21至25岁占近48%,也就是说25岁以下的年轻人占近90%的受众比例;其中女性所占的比例又是男性的2.5倍。

受众层面。了解上述这些特征能够更好地帮助网红在短视频领域里发展。同时必须要明白,那些成功的短视频依靠的仍然是话题内容,这在网红圈里是亘古不变的道理。无论采用何种呈现方式,网红向粉丝输出的主体——"内容"都是成功的钥匙，只不过短视频的呈现对网红的表演能力也同样提出了要求。

■ 直播：加速实现了粉丝的聚合与变现

网红的另一个社交主战场是近两年刚刚兴起的在线直播平台。目前流行的"直播"大致分为两类。

> 一类是在网上提供电视信号的观看，比如各类体育比赛和文艺活动的直播，它相当于"网络电视"。

> 另一类则是真正意义上的"直播"，即直播者在直播现场通过直播软件进行内容输出，供用户观看。这类直播较前者的最大区别就在于直播的自主性。

直播平台由于兼具直播成本低、方便快捷与互动性强的特点，在近两年实现了快速增长，其中互动性强的特征更是吸引了大量网红入驻平台，这些从其他社交平台转战而来的网红利用直播平台加速实现了粉丝的聚合与变现。

小米正式发布大屏手机小米Max时，为了宣传这款手机，小米科技创始人雷军当了一晚上的直播主播。在直播中，雷军不时要"掌声"，要"送花"，并称："谢谢大家，大家不要给我刷花了，如果要刷一枝就好，把你们的游艇、法拉利、保时捷送给其他的主播吧。"

有数据显示，雷军开启直播仅仅半小时，同时在线人数便超过1万人，直播进行到1小时10分时，该数字突破3万，雷军本人收获的星票数也超过20万。

很显然，直播这一互动形式不仅有利于粉丝聚合，同时还能带来无法估量的商业价值，否则以雷军的身份又怎么会"兼职"做了一把"主播"呢？

在目前的直播平台里，比较知名的包括：斗鱼TV、虎牙直播、熊猫TV、六间房等，它们各具特色。比如斗鱼TV是一家弹幕式直播分享网站，是国内直播分享网站中的一员；虎牙直播是YY旗下直播网站，提供高清、流畅的游戏直播、美食直播、娱乐直播等多种直播内容；熊猫TV则提供高清、流畅的视频、活动和赛事直播服务；六间房是中国最大的真人互动视频直播社区。

了解不同直播平台的特点有助于选择适合自身特长的直播平台，同时对不同直播平台的虚拟礼物设置、直播分成、关注度粉丝量标准也应做到心中有数。以斗鱼TV直播平台为例，想要成为签约主播，关注度必须达到500，而平台所有非返现礼物的分成比例为50%。

综上所述，我们对网红用于实现社交功能的常见平台进行了梳理，这些平台在社交层面所起到的作用各不相同，其使用特点与方式也不一样。

网红熟练运用这些平台进行知名度推广与粉丝聚合需要一定的时间周期，把它们玩到登峰造极的程度时，距离"超级网红"的目标也就更近了一步。

提高变现能力：网红经济中的长久生存之道

变现对于一个网红来说是关乎其直接收益的重要能力，甚至可以说不具备变现能力便不能算作是网红。而那些依靠拍广告、接零星的模特或演艺业务、开淘宝店、在朋友圈卖面膜的"网红"与"超级网红"之间相去甚远。

从本质意义上来说，像韩寒、王思聪、罗振宇、罗永浩等依托于去中心化的网络平台而大红大紫起来的人，才是真正的"超级网红"。他们的成功在于具备强大的商业能力，能够从不同的渠道实现变现。

下面，我们将教给大家成为超级网红必备的三大变现秘诀。

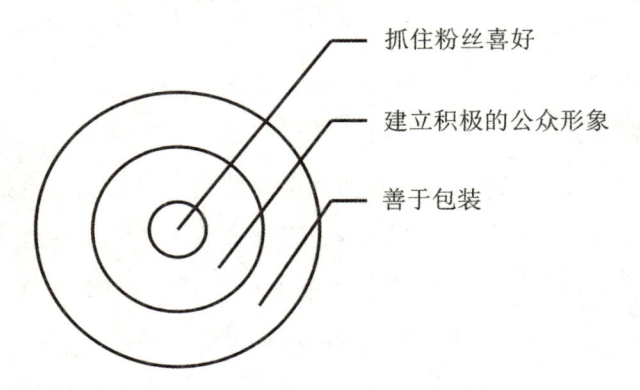

- 抓住粉丝喜好
- 建立积极的公众形象
- 善于包装

■ 抓住粉丝喜好

抓住粉丝喜好对于网红实现变现很有帮助，这就是我们常说的"审美主见"。网红对于网友喜好的倾向性要有明确认识，这样在进行变现时，网红就能够提供符合粉丝喜好的商品或服务来促使变现行为的生成。

比如，经营淘宝店铺的网红当需要在10件产品中挑选出一部分来进行改造，并交给工厂批量生产时，必须要具有我们上述所说的"审美主见"。如果不能分辨哪种产品更加符合粉丝喜好，当产品推出后，其变现效果将大打折扣。

粉丝群体喜好的相关信息需要网红在日积月累的与粉丝的互动过程中去发现。在互动中，网红可以采用引导的方式，让粉丝自己说出来；也可以通过设置问卷调查的方式来获得。

在线直播里这种方式最为普遍，网红经常会提出具有两个选项的问题。比如"你们喜欢红色的衣服还是蓝色的衣服"，然后让粉丝通过打不同的数字键来获得信息的反馈。比如"如果喜欢红色就打'1'，如果喜欢蓝色就打'2'"。这样的调查有助于帮助网红获得与粉丝喜好相关的信息内容。

■ 建立积极的公众形象

像"ayawawa""急诊室女超人于莺"等网红实现变现的背后，是他们的身份里除了标识为"淘宝店主"的身份之外，仍然兼具着积极的公众形象。

"急诊室女超人于莺"曾是北京协和医院急诊室女医生，2011年开通微博，网名"急诊科女超人"。凭借医学科普、业界调侃，还不乏爆料揭黑，于莺以幽默、犀利、大胆的语言风格颠覆了正襟危坐的"白大褂"形象，在网络迅速走红，新浪微博的粉丝数量超过300万。

2013年6月于莺突然宣布"裸辞"，离开北京协和医院急诊科主治医生位置后，她的粉丝不减反增，赞誉声不断。之后她开起了淘宝店铺，月营业额轻松超过70万。2015年"急诊室女超人于莺"的诊所开业，她的正式新头衔也变成了综合门诊中心CEO。

正是由于这些网红对公共事务进行着持续的发言，使他们能够在网络上保持相当的人气。因为有着对他们的价值观的认可和信任，粉丝们才会选择购买他们的商品。这同样是网红变现能力中的一种典型性能力。

■ 善于包装

包装是网红变现能力在推广层面的直接反映。一个好的"包装"能够在帮助网红获得更高关注度的同时，建立起形象壁垒，让自己与同类网红区别开来，从而在变现时减少粉丝的心理阻碍。

"王思聪女友朱宸慧"便是这种包装的最大受益者，朱宸慧就是前文介绍过的"网红"雪梨，其"王思聪女友"的头衔，令其在淘宝网上开设的"钱夫人"店铺销量扶摇直上，成为淘宝店铺销量排行榜的常客。

这便是一个典型的网红"包装"成功的案例。可以试想，如果没有"王思聪女友"头衔的包装，谁会去关注这样一个普通的女孩子呢？

成为超级网红的包装方式可以分为以下三类。

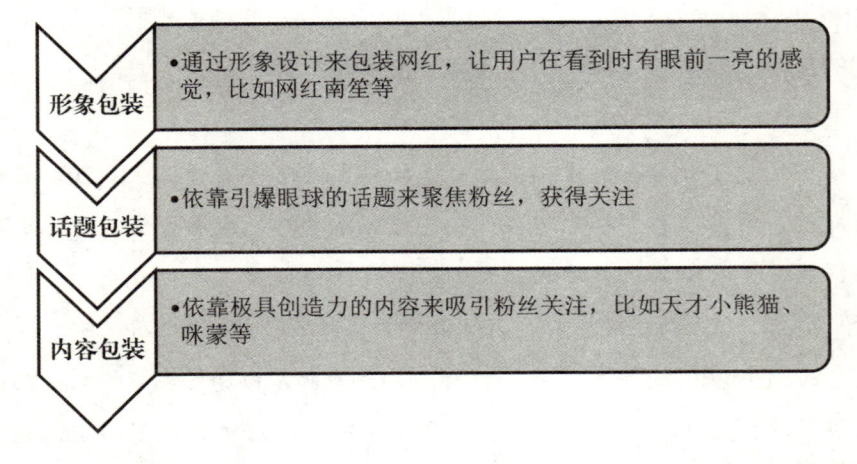

形象包装	• 通过形象设计来包装网红，让用户在看到时有眼前一亮的感觉，比如网红南笙等
话题包装	• 依靠引爆眼球的话题来聚焦粉丝，获得关注
内容包装	• 依靠极具创造力的内容来吸引粉丝关注，比如天才小熊猫、咪蒙等

无论采用上述哪种方式，包装能力在网红变现环节所起到的积极作用都不能忽视，在工作、活动中的包装意识是网红变现能力中不可或缺的。

具备较强变现能力的网红在网红经济里具有较强的生存保障，"超级网红"总是比其他人"活"得更久，"红"得更久，很大一部分原因在于他们拥有超越其他网红的变现能力。因此，修炼变现能力使其变为一种持久的商业能力才是网红经济中的长久生存之道。

第4章 网红企业：修炼成为网红企业

网红经济的火爆，带来了很多商业机会，一些企业也希望抓住网红经济的这根"稻草"分得"一杯羹"。那么问题来了，企业要如何把自己打造成"网红企业"，或利用网红思维进行盈利呢？本章将为企业在网红经济中分享硕果提供一些行之有效的帮助，教授企业一些打造网红企业的具体方法。

为自己注入"网红思维"：无思维不网红

如今世界已经进入移动互联网的时代，移动互联网带来了蓬勃发展的网络经济，与传统的经济模式不同，网络营销、网络社交、电子商务等以互联网为载体的新商业模式已经"抢滩登陆"。

在这些新商业模式的合力作用下，网红经济逐渐成型，其规模迅速增长，成为现代商业里不可忽略的经济形式。就像十几年前企业圈中提出"企业要具备互联网思维"的口号一样，如今我们要喊出这样的口号："企业要具备网红思维"。

网红经济是互联网综合经济的一种，产品设计、网络营销、电子商务、客户关系管理等企业运营体系中的各个重要环节在网红经济里同样存在。因此，我们可以说，网红经济是一种非常适合企业运营的经济模式。

但对于大多数企业而言，网红经济还很陌生，尤其是传统行业的企业，缺乏网红思维，不知道应该如何在网红经济里获益。而企业想要乘上"网红经济"的大船，首先必须具备网红思维。

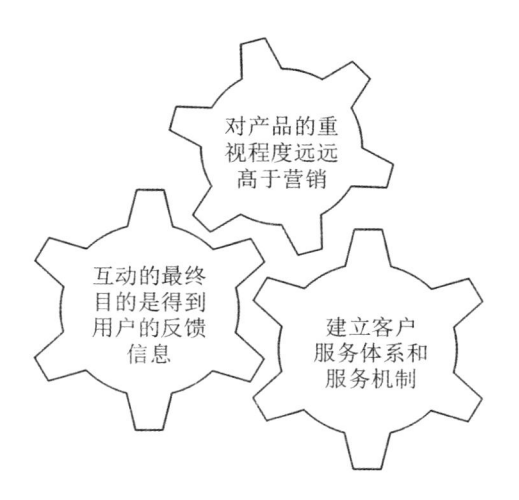

```
       对产品的重
       视程度远远
       高于营销

互动的最终
目的是得到    建立客户
用户的反馈    服务体系和
   信息       服务机制
```

■ 对产品的重视程度远远高于营销

在企业惯常的"生意经"里，营销的作用往往被放大，而对产品本身的重视程度远远不够。很多企业普遍认为只有营销做好才能带来企业的销售额与盈利，而产品差不多就行了。在这里，有一个典型的反面案例，我们一起来看一下。

2013年，一家叫作黄太吉的煎饼店迅速走红。与传统的餐饮连锁企业不同，黄太吉并没有在媒体上大量投放广告，也没有凭借连锁门店的规模获得关注，而是在互联网上制造话题，并且借助微博造势获得了巨大成功，最终成为当年度的经典营销案例。

凭借成功的互联网式思维的营销手段，黄太吉迅速吸引了大批消费者。但是，在大众点评网上，多数慕名而来的网友都对黄太吉家煎饼的口味表示失望，有网友评价："真心很一般，油条不脆，比外面小摊的煎饼还不如，吹嘘得太夸张了。"

除了主打的煎饼外，黄太吉还推出春饼、豆腐脑、凉面、南瓜羹、紫薯、猪蹄等十款产品，很多消费者同样反映味道一般。

对于餐饮企业而言，菜品即产品，而菜品的口味就代表了其产品的品质。中国是一个味觉国家，味道是消费者选择餐厅的第一指标。所以，对中国消费者而言，好吃是餐饮产品的核心要素。如果忽视了这一要素，再成功的营销也不能让企业获得持久的生命力。

在网红的思维里，对产品的重视程度远远高于营销。网红运营产品的背后依靠互联网思维，在网络媒介环境下，网红通过判断粉丝心理需求后生产产品，这是因为将粉丝转变为购买者是网红变现的基本逻辑。

正因如此，网红们都会花很多时间与粉丝进行互动，从中了解粉丝的喜好与需求，网红们甚至会在产品研发阶段就把产品式样发布到社交平台交由粉丝决定，被粉丝选择的产品式样才会投入生产。

以经营服装类淘宝店铺的网红为例，在店铺推出新品前，一般会有一个从选款、设计、搭配到工厂制作的流程，在选款、设计、搭配结束后，网红一般都会通过社交平台来征集粉丝意见，等最终产品上架后再向粉丝展示推广。

由此可见，网红的这种"重视产品多于重视营销"的思维对企业来说可以成为一种借鉴，它就是企业形成网红思维的直观表现。

■ 互动的最终目的是得到用户的反馈信息

在企业的营销方式里，网络互动营销推广已经被广泛运用，微博、微信、视频等各类方式层出不穷。

"互动"的含义是双方互相动起来，而对于很多企业来说，在这方面实施的效果并不尽如人意，企业的网络互动平台常常空有其表，无法实现"互动"目的，也就无法达成推广效果。而要实现"互动"，必须做好以下几方面工作。

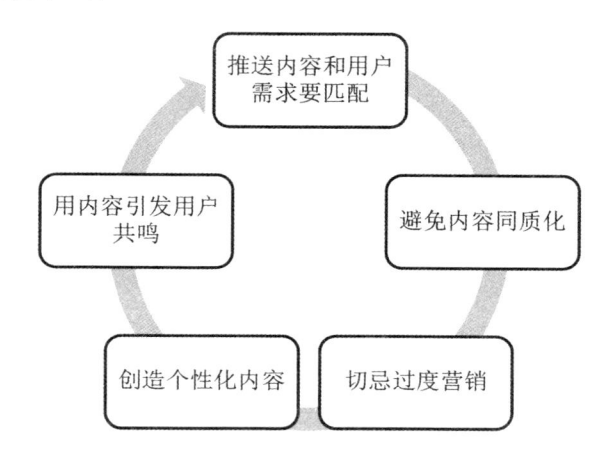

- 推送内容和用户需求要匹配
- 避免内容同质化
- 切忌过度营销
- 创造个性化内容
- 用内容引发用户共鸣

推送内容和用户需求要匹配。在社交平台上是通过内容来吸引用户，从而发生互动。在很多情况下，企业并不知道用户喜欢什么样的内容，喜欢什么时候阅读内容，因此在内容推送上也只能是盲人摸象，所以阅读量惨淡也是很正常的事情。

如果从网红思维的角度来看待"互动"，那么获得用户反馈才是互动的根本目的，而不是营销卖货。网红在通过输出内容引发互动从而获得用户反馈方面很有经验。

避免内容同质化。企业在互动内容上除了产品内容外，为了体现互动的多样性，往往会增加一些时尚热点、心灵鸡汤等内容，然而这些内容在各种媒体上已经被说得太多了，除非有新颖的角度或强大的文案能力，否则便不能逃脱内容的同质化。因此这类互动内容很难使用户产生阅读兴趣。

切忌过度营销。目前，很多企业都把各种网络社交平台当成营销工具，着重进行产品宣传而忽视了这些平台固有的服务功能，即使得到用户的反馈信息也没有及时地进行系统的整理与回复。

例如，有的企业将回复功能设置为自动回复，或者在接收用户反馈信息后长时间无回复，这些情况都会令用户产生没有被认真对待的感觉。要知道一个没有客户服务的社交平台肯定不会有客户来，因为客户不希望被当成只是用来宣传推广和推销产品的对象。

创造个性化内容。网红作为"内容"的生产者，在内容创造方面比企业具备更大的优势。例如，在微信公众号里知名的网红"咪蒙"就是依靠个性化内容创造获得粉丝青睐的。网红的输出内容多为原创，其话题制造能力、文字驾驭能力、图片设计能力、视频创新能力都是内容能够获得成功的保障。

用内容引发用户共鸣。网红输出内容的成功之处就在于他们知道什么样的话题内容能够引起用户共鸣，让用户自然而然萌生参与需求。例如，母婴类、情感类的话题往往参与度较高，贴近普通人生活与感受的话题从来不乏关注。

由此可见，在网络社交里，让用户与企业实现真正的互动是第一步，而互动的最终目的是得到用户的反馈信息。

通过互动，企业能够掌握目标群体的喜好特征以及他们惯用的接触信息的方式，并且发现双方的共同利益点，从而找到沟通时机和方法，与用户紧密结合起来。

■ 建立客户服务体系和服务机制

企业网红思维的第三个内容反映在客户关系管理上。客户关系管理的含义是企业向客户提供的创新式个性化交互与服务的过程。它的最终目标是吸引新客户、保留老客户，以及将已有客户转化为忠实客户。

然而实际上对于大多数企业尤其是中小型企业而言，客户关系管理的作用微乎其微，这是因为很多企业在考虑利益时很少会把客户利益放在第一位，同时也缺少专门负责与客户沟通的有客户关系管理经验的员工。

但在网红经济里，我们能够看到，网红的粉丝群体具有高忠诚度，网红在对粉丝进行引导变现时往往很容易便能实现粉丝的复购行为。

以模特身份活跃在平面纸媒和网站媒体上的宋松由于不时在微博及其他渠道分享自己的服饰搭配，从而获得了粉丝的关注。

到目前为止，宋松的新浪微博粉丝数量已经超过200万。因为宋松的粉丝群体多为20岁左右的小女生，所以他的微博内容除了生活记录之外，很大一部分内容是关于日常服饰穿搭和淘宝店铺活动消息。

这样做的好处是不仅能够持续吸引新粉丝的加入，而且还有利于把微博粉丝转化成店铺粉丝。此外，这些忠实粉丝还能够成为宋松淘宝店铺活动自发的"宣传大军"。

除了将现有粉丝通过社交平台引流至淘宝店铺外，宋松的淘宝店铺在提升产品质量和整套服装搭配的开发方面也投入了很大精力。

宋松除了担任品牌设计师的职务外，还兼任店铺模特等多项工作，并且专门为粉丝提供免费的服装搭配参考服务。这些"附加"服务对粉丝们来说可以算是特别的"福利"。

正是通过这些方式，宋松把微博的粉丝培养成了产品的粉丝。当产品获得粉丝认可后，店铺复购率达到100%也就成了常态。

从上面的案例中我们可以看到网红在粉丝关系管理上的独到之处。与企业不同的是，网红大多是先聚集粉丝，再进行管理，最后通过管理后的良性效果把粉丝引导入变现环节。

　　与企业相比，网红由于是具有个性的"人"，因此更容易获得粉丝的好感，互动难度比企业低，而这一点正是企业在客户关系管理中应该尽力去做到的。

　　在以往的客户关系管理中，企业总是以组织的形式出现，客户也会把企业看作是一个"组织"，而非一个具有个性的"人"。这无形中在企业与客户之间造成了一个并不对等的局面。"人与组织的互动"相比"人与人的互动"，无论从积极性还是效果上都会大打折扣。

　　因此，企业在客户关系管理上可以从网红思维中获得借鉴。例如，客户服务是展现企业文化和形象最直接的通道，那么在网络客户服务层面，企业可以通过天猫、京东、苏宁等电商平台的客服系统与客户直接交流、反馈、解决产品和服务疑问，通过这种方式替代门店一对一交流的方式，以使客户对产品产生兴趣。

　　为此，企业有必要建立一个完善、及时的客户服务体系和快速响应的服务机制，把客户的购买过程转变为不再是客户被动接受企业单向传递信息的过程，而是一种多元的、公开的、持续产生影响的客户服务过程。

进行个性化形象设计：企业也需要"颜值"

　　形象对于网红来说是面对粉丝时的第一关，尤其是面对新粉丝时，形象的作用更为明显。有调查显示，由于形象所导致的在总体印象的形成上，最初获得的信息比后来获得的信息影响更大。

因此，网红在形象上的设计格外重要，那些成功的网红们无一不是在形象上对粉丝产生了重大影响。因此企业要想成为"超级网红"首先要过形象关。

要知道，网红来源于网络，既然如此，那么网红的形象就离不开网络形象的塑造，就是俗称的"人物设计"。任何细节都会影响粉丝对网红的印象，在社交媒体上的网络公众形象尤其需要谨慎地经营，对于企业来说同样如此。

对于企业来说，要想打造超级网红，就必须在网络中进行个性化形象设计。具体来说，有以下三个技巧。

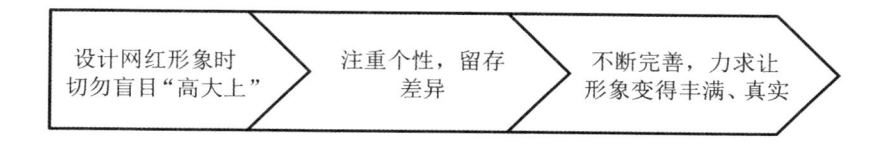

设计网红形象时切勿盲目"高大上" → 注重个性，留存差异 → 不断完善，力求让形象变得丰满、真实

■ 设计网红形象时切勿盲目"高大上"

与现实中的企业形象不同，企业要想成为"超级网红"就必须设计符合网络审美观的形象。那么网络的审美观是什么呢？通过网红们的成功我们可以看到，颜值固然重要，但并不是网络审美的唯一标准，而"生活本身的美"才是如今网络审美的核心。

在网络里，人们更加注重情感上的共鸣与生活行为上的共鸣，对过于精英化、高端化的美反而不感兴趣。这是因为每个人都是这个社会中普通的一员，惊天动地的美不会经常出现，而平淡之美才是每个人都能够感受到的。

因此企业在设计网红形象时切勿盲目"高大上"，而"接地气"不失为一种不错的选择。

■ 注重个性，留存差异

　　企业在设计超级网红形象时，个性同样不可或缺。可以说个性的形象是企业在网络中的立足之本，它是让广大粉丝不离不弃的唯一原因。

　　差异化在企业超级网红形象设计中是必须遵守的规则，相似度过高的形象会令粉丝因审美疲劳而产生抵触。

　　例如，《阿福的大梦想时代》中阿福的形象塑造是成功的，如果模仿出另一个几乎一模一样的形象，无论如何演绎这一形象都将不能逃脱阿福的阴影，反而给了大众一个绝好的吐槽点。

　　企红形象设计的差异性包括以下三点。

个性差异	粉丝差异	形象差异
企业设计网红形象时要拥有不同于其他网红的独立个性	企业设计网红形象时，其粉丝群体在爱好、性格、文化等方面存在的与其竞争者粉丝群体相区别的地方	企业设计网红形象在LOGO、商标等外在方面的差异

　　综上所述，企业在设计网红形象时一定要留存差异，这种差异将是今后企业网红运营时与竞争对手赖以区分的重要因素。

■ 不断完善，力求让形象变得丰满、真实

　　在建立好企红形象后，企业还不能认为万事大吉，因为挑战才刚刚开始。对企业网红形象的经营将是一个漫长的持续性工作。企业必须做到以下两点。

避免产生负面影响	保持形象的一致性
• 企业网红一旦进入网络，其一言一行都应小心谨慎，避免产生负面影响。要知道一旦发生形象危机，再去弥补和改善往往需要经历相当漫长的过程	• 企业网红代表着企业在网络中的形象，因此，保持形象的一致性尤为重要，切不可一段时间换一个形象，或者不同平台用不同的形象

除此之外，在运营企业网红时还要学会不断完善，力求让形象变得丰满、真实。企业可以根据品牌产品需求、市场需求及粉丝需求来对企业网红形象内涵进行填充与微调，让其更好地为企业营销提供助力。

利用媒体来宣传自己：抢占粉丝资源的一大法宝

媒体，特别是网络媒体是网红曝光的主战场，因此网红企业对媒体的依赖程度远胜于其他行业。一个有经验的网红企业不仅要懂得如何利用媒体来"秀"自己，更要懂得善用不同类型的媒体组合矩阵，只有这样才能发挥媒体的最大功效，让传播覆盖到更广阔的领域。

对媒体组合矩阵的运用能够使网红企业在不同平台实现同步曝光，进而引发"马太效应"，令网红企业的知名度呈几何倍数增长。超级网红企业的初步成功可能来源于某一个媒体平台的聚焦效应，但其知名度的爆发式增长往往是通过媒体组合矩阵来实现的。

我们所说的媒体矩阵不仅包含社交平台，同时也包含其他功能性媒体平台。如果对这些媒体类型进行分类，我们可以把媒体矩阵划分为以下三类。

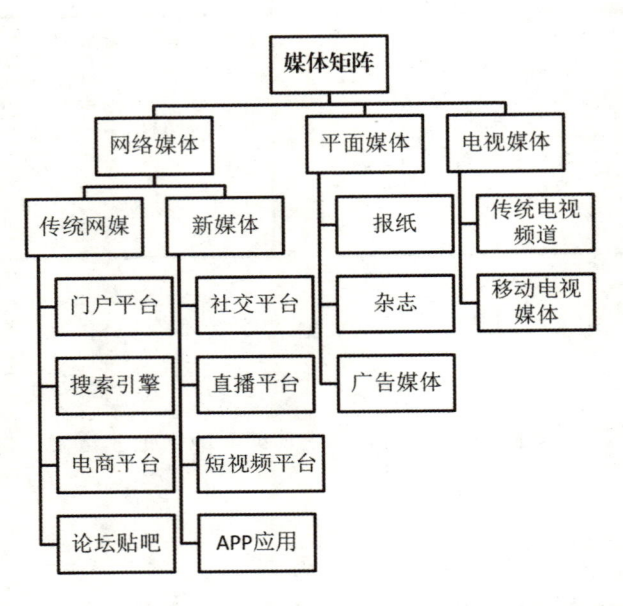

```
                    媒体矩阵
         ┌─────────────┼─────────────┐
      网络媒体        平面媒体      电视媒体
      ┌───┴───┐        │         ┌────┴────┐
   传统网媒  新媒体    报纸     传统电视频道
      │       │        │             │
    门户平台 社交平台  杂志       移动电视媒体
      │       │        │
    搜索引擎 直播平台  广告媒体
      │       │
    电商平台 短视频平台
      │       │
    论坛贴吧 APP应用
```

对上述媒体矩阵的组合运用是网红企业抢占更多粉丝资源的一大法宝。在网红企业的品牌化运营层面，应该去思考如何构建媒体矩阵组合，尤其是其中的新媒体组合。同时对传统媒体资源，也应尽量发挥其优势，为网红企业的曝光宣传创造更多机会。

那么，网红企业如何构建适合自己的媒体矩阵来达到宣传自己的目的呢？很少有放之四海而皆准的方法，不过以下指导方针可供参考。

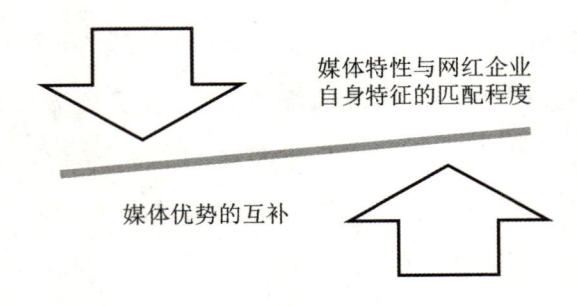

⬇ 媒体特性与网红企业自身特征的匹配程度

媒体优势的互补 ⬆

媒体特性与网红企业自身特征的匹配程度。只有做到这一点才能最大限度地发挥媒体矩阵的作用。

例如，一个依靠文字魅力获得粉丝青睐的网红企业更加适合图文形式的社交平台，而一个能说会道、具备语言魅力的网红企业则更适合形象展示类的社交平台。这一点我们可以下面这个成功的网红身上看到。

从2013年开始，同道大叔通过微博陆续发布了一系列关于12星座在恋爱及生活中不同表现的漫画，用幽默诙谐的文字及配图，以吐槽12星座在恋爱中的不同缺点为主，吸引了大量粉丝关注。

截至2015年4月，同道大叔新浪微博粉丝超过500万，令他一举变成了"超级网红"，而如今同道大叔的新浪微博粉丝数量已超越1000万大关。

2015年4月后，同道大叔的微信号开始运营，每天在晚上10：30左右进行内容推送。初期每天头条的阅读量都能达到十几万次，如果以月浏览量统计，单微信头条就是1.8亿次的浏览量，成为自媒体排行中情感类排名第一的账号。

同道大叔微信平台推送的内容主要是以简单诙谐幽默为主。除此之外，同道大叔也与淘宝、腾讯等平台进行合作。比如与腾讯的合作包括打开QQ时弹出一个新闻框，在腾讯星座栏目里开设了专门的板块等。

媒体优势的互补。由于媒体平台的受众存在差异，因此网红企业在内容输出时就要考虑运用不同类型的媒体来扩大传播的区域，让尽可能多的用户收看到网红企业所发布的内容。

无论如何，随着网红经济的不断发展，网红企业的生存已经完全依赖于媒体特别是网络媒体。随着互联网环境的变化，新媒体的崛起，新一代网红企业对新媒体平台的依赖程度与日俱增。

在这种客观情况下，网红企业要进阶成为"超级网红"，并要持续性发展，必须紧盯用户需求的实现路径，构建符合自身定位的媒体矩阵平台，这其中尤其要重视自媒体、粉丝群和电商的平台联动。

为粉丝持续输出有价值的内容：将粉丝转化为顾客的决胜武器

互联网时代最大的特征就是海量信息与信息的碎片化共存。这就导致信息内容的快速更新。你一定会有这样的体会：在互联网上，昨天的很多信息今天一下子就找不到了。当信息的迭代成为一种固有的态势时，对信息的提供者而言，想让用户记住的唯一方式就是不断生产出新的信息。

对于网红来说尤其如此。事实证明，有人会因为你的文字、段子、视频记住你，甚至成为你的粉丝，但这还不足以构成刺激他们形成购买的动力。在这个互联网信息爆炸的时代，粉丝的兴趣点分布广、迁移快，即使是粉丝，其忠诚度也很难持久保鲜。

因此，持续输出有价值的内容，持续为粉丝的热情加温才有可能将粉丝转化为顾客。在网红经济中，网红最大的优势是形成了差异化竞争力。粉丝选择网红推荐或销售的产品，是"喜欢、认可、相信"等情感叠加的结果。

大多数情况下，粉丝选择的并不是产品本身，而是通过网红塑造的形象、输出的内容，传递出的生活态度和方式。

基于这一点，在一定的时间段内，保持信息内容的持续输出就显得格外重要，它是网红每天都要完成的"作业"。所以，在打造网红企业的时候，要持续不断地输出有价值的内容，依靠这样的方式对粉丝施加持续的影响，从而把粉丝紧紧绑定在自己身边。

那么，企业如何为粉丝持续不断地输出有价值的内容呢？在持续输出内容的同时，想要保证每一篇内容的质量，难度是非常大的，网红企业却要极力做到这一点。下面我们来分享一下持续创造高质量内容的方式与方法。

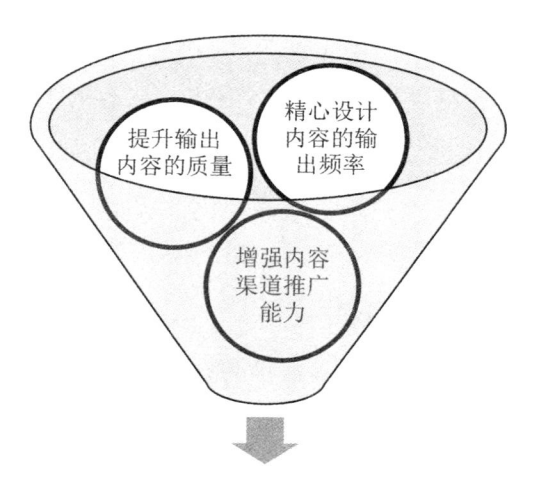

企业为粉丝持续输出有价值的内容的方法

- 提升输出内容的质量

网红企业的修炼与个人有所不同，这是由于企业毕竟是组织形式，在资源、能力、管理等方面与个人相比具有一定的优势。因此，网红企业可以利用这些优势来出产内容，提升内容质量。具体怎么做，则可以参考以下五个步骤。

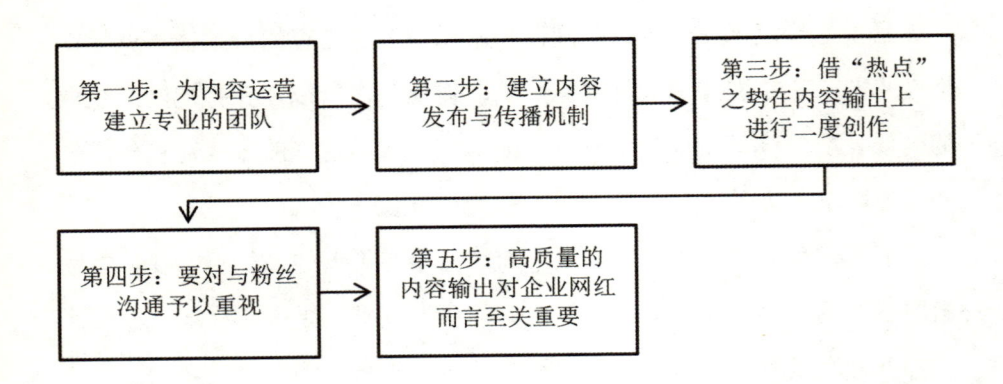

```
┌─────────────────┐   ┌─────────────────┐   ┌─────────────────┐
│ 第一步：为内容运营 │──▶│ 第二步：建立内容  │──▶│ 第三步：借"热点" │
│   建立专业的团队  │   │   发布与传播机制  │   │  之势在内容输出上 │
│                 │   │                 │   │   进行二度创作   │
└─────────────────┘   └─────────────────┘   └─────────────────┘
         ┌────────────────────────────────────────────┘
         ▼
┌─────────────────┐   ┌─────────────────┐
│ 第四步：要对与粉丝│──▶│ 第五步：高质量的 │
│   沟通予以重视   │   │  内容输出对企业网红│
│                 │   │   而言至关重要   │
└─────────────────┘   └─────────────────┘
```

第一步：为内容运营建立专业的团队。企业可以根据自身情况及品牌产品需求，为网红内容运营搭建专业的团队，让有经验、有创新能力并熟悉互联网内容传播规律的团队成员来负责内容的策划与执行。

第二步：建立内容发布与传播机制。网红企业的内容输出应建立在固定的机制上，让内容生产与发布流程化，从而保证内容传播的持续性与覆盖率。

第三步：借"热点"之势在内容输出上进行二度创作。在内容素材的选取上，"热点"是网红经常会使用的素材，它包括新闻热点、人物事件等。"热点"具有吸引受众眼球的特性，因此借"热点"之势，实现对网红自我影响力的传播已经被证明具有非常好的传播效果。它要求在内容输出上要有二度创作，把网红自身特征嵌入热点之中，让输出的内容带有网红属性，同时还要即时传播，不能等热点过去一段时间后才跟进相关内容。

第四步：要对与粉丝沟通予以重视。其实，很多企业对在网上与粉丝沟通并不重视，因此互动的内容通常也没有经过深思熟虑，很可能是由负责该项工作的员工随意发布。尤其当企业网红的粉丝群体数量变得可观时，这种随意性的互动与内容发布就要明令禁止。要知道，网红与粉丝互动，在内容上都要经过深思熟虑，随意的言行很容易成为粉丝吐槽的由头。

第五步：高质量的内容输出对企业网红而言至关重要。古人曾说"言多必失"，在网红的世界里，企业要做到"言多不失"，除了提升内容的质量外别无他法。

■ 精心设计内容的输出频率

网红企业保持内容输出的持续性并不是盲目地随意输出，在输出频率上要经过精心的设计。对于粉丝来说，当然是给予他感兴趣的信息越多越好，但是网红企业作为内容的创造者不可能无穷无尽地提供高质量的内容，因此把握输出频率就显得尤为重要。"香喷喷的小烤鸡"在这方面就做得非常科学，让我们来学习一下吧。

美食博主"香喷喷的小烤鸡"真名叫郑宇轩，是美拍美食频道的人气之星，他的走红方式是：把各种让网友嘴馋的美食制作方法，用最轻松的方式在美拍上用幽默搞笑的方式分享出来，再配合各种到位的表情与语言，让厨艺成为一种个性化娱乐。

8个月的时间内，他在美拍平台上共拍了233个视频，所拍的视频被人喜欢过的次数超过123万次。同时，他还以每周两次的频率在美拍等平台上直播做菜。"香喷喷的小烤鸡"目前的粉丝数量超过200万。

通过网红"香喷喷的小烤鸡"的更新数据我们可以看到，他的内容输出频率接近每天更新。

其实大部分靠内容起家的网红企业在走红初期，内容输出频率几乎都是每天一次到两次。这是因为在网红企业积累粉丝的初期，需要依靠内容输出来"聚粉",内容每天的定时更新一方面为网红企业带来持续的曝光,吸引更多关注的人;另一方面有助于帮助粉丝养成收看习惯,建立起粉丝对网红企业的依赖性。

当网红企业已经累积一定数量的粉丝群体后,在内容输出的频率上则可以适当延长。比如2～3天进行一次输出。

这是因为在粉丝与网红企业的关系相对稳定后,随着粉丝对网红企业了解得更多,他们对网红企业也会变得更宽容一些,在等待网红企业内容输出的时间间隔上具有了一定的弹性。

但是,一定要注意,即使在已经拥有了数量庞大的粉丝群体时,对粉丝的内容输出仍然不能间断,其频率仍然要保持在较高的水平。一旦在一段时期里"沉默失语",那么最终就只有"掉粉"的结果。

通过上面的陈述,我们可以总结出网红企业在输出内容的频率上的两个规律。

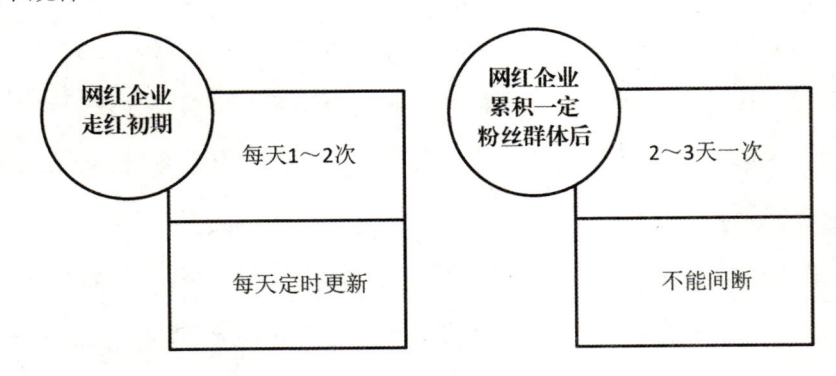

网红企业走红初期	每天1～2次
	每天定时更新

网红企业累积一定粉丝群体后	2～3天一次
	不能间断

■ 增强内容渠道推广能力

如今,各种不同类型的社交平台在互联网上共存。不同类型的社交平台其特点、优势有所不同,因此对于内容的呈现形式与互动方式也会有所不同。基于此,粉丝们会依据自己不同的喜好与使用习惯选择适合自己的社交平台。这样一来，社交平台对于粉丝的分流效果就非常明显了。

网红企业在某一个社交平台上由于输出了粉丝喜欢的内容，从而在这个平台所属的粉丝群体里吸引了一定数量的粉丝，我们只能说是获得了局部的成功，仅仅是在这个社交平台上脱颖而出，还远远不足以让网红企业蜕变成"超级网红"。

在如今这个社交媒体横行的时代，好的内容固然重要，但想让内容形成真正的影响力，那么内容的渠道推广能力就显得更加重要。只有增强这种渠道推广能力，才能增加网红企业生产出的"好内容"引起整个网络大范围传播的概率。

因此，超级网红企业都深知多平台内容推广的重要性，它们会同时攻占不同类型的社交平台，从而获得单一平台无法比拟的传播效果。

网红企业进行内容推广有两个技巧。

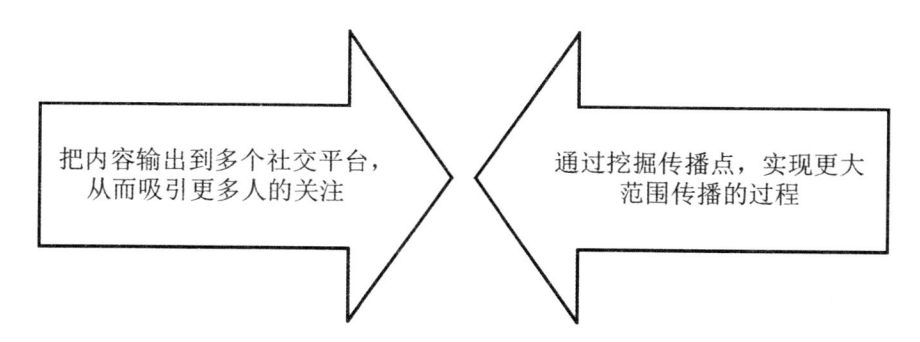

把内容输出到多个社交平台，从而吸引更多人的关注　　　通过挖掘传播点，实现更大范围传播的过程

鉴于微博与微信在网络社交领域的"霸主"地位，目前大多数在垂直社交平台上积累起原始粉丝群体的网红企业都会转战到微博与微信平台上，通过这两个平台的扩大传播来实现自己的进阶。

这就逐渐形成了网红企业首先在垂直社交平台上积累原始粉丝群，然后走入微博或微信这样的大社交媒体平台，最终实现内容信息的全网传播模式。

第 5 章　超级 IP：网红经济时代的新商业法则

网红最有价值的是IP，只有成为超级IP的网红，才会受到投资商青睐。不管你是什么类型的网红，或是做什么产品的网红企业，只有学会自我经营和养成超级IP，才可能在网红行业持续不衰地发展下去。所以，本章带给你的，不只是超级IP的打造方法，更是一种全新的网红经济思维。

网红经济3.0

什么是超级IP

说到超级IP，我们先来看一个有趣的故事：

2015年8月，华谊兄弟在北京召开发布会，张国立担任主持人，他称赞老搭档冯小刚拍摄的多部作品都对社会产生了深刻影响，还提到这些作品本身已逐渐生成了时下最流行的超级IP。然而张国立的这顶高帽刚刚送出，一脸懵懂的冯小刚反问他："你说的IP，不是地址吗？"冯小刚的话语一落，台下一片哄然，这也成为了当天发布会最大的亮点。

是冯小刚真不理解超级IP的意思吗？如果你真这样想，那你就大错特错了。大家一定听说过冯小刚电影公社吧，它是全球首个以导演个人姓名命名的电影主题旅游项目。更准确地说，它就是冯小刚这个超级IP衍生的旅游产品，目前在海口开放的"1942民国风情街"，每年吸引了数百万的游客来此游览，让华谊的旅游票房也颇为可观。

通过这件事情，我们发现冯小刚不仅是超级IP早期的创造者，更是超级IP的弄潮儿。

冯小刚就是冯小刚，他可以对超级IP谦虚说笑装不懂，但对于有意长期在网红行业发展的企业和个人来说，不知道超级IP是什么那就不是故事而是事故了。

超级网红papi酱可能是超级IP，也有可能PapiTube后才是。吴晓波频道可能是，Magic Leap可能是，《刺客信条》可能是，《细胞分裂》可能是，Sophia可能是……

那么，到底什么是超级IP？

IP是英文"Intellectual Property"的缩写，直译为"知识产权"，指"权利人对其所创作的智力劳动成果所享有的财产权利"。

一个具有可开发价值的超级IP，至少包含四个层级，我们称之为IP引擎。它们分别是：

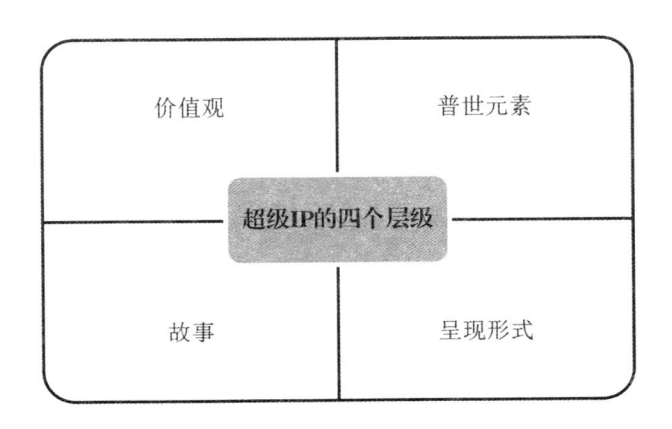

价值观	普世元素
故事	呈现形式

超级IP的四个层级

超级IP是互联网时代个人化或个体化的"新物种"，是由系统方法论构建的有生命周期的内容符号，它可以是具体的人或虚拟的角色，可以是文学作品，可以是某一个具象的品牌，也可以是我们难以描绘的某一个差异化的、非物质遗产的继承人。

真正的IP有自己的价值观和哲学，不只是故事层面的快感，也不是短平快消费后的短暂狂热。

如果说上述的这些解释，依然让你似懂非懂，那我们不妨再简单通俗更直白一些。下面让我们一起来了解一下超级IP必须具备的三个特点。

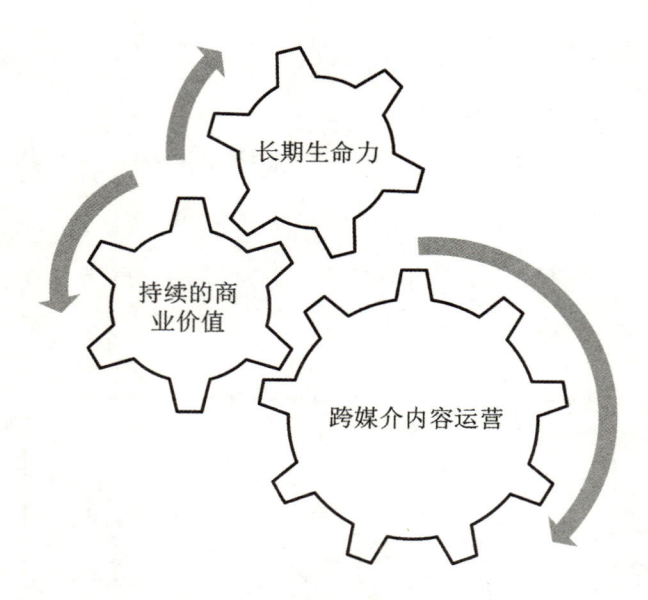

```
          长期生命力
  持续的商
  业价值
          跨媒介内容运营
```

　　换句话说，超级IP是一个无形的、有商业开发潜质、生命力持久、可多行业跨界运营的"文化资产"。它可以是一个故事、一个角色、一首歌、一句话、一个概念以及任何大量用户喜爱的事物，可以应用在多种领域创造商业价值。

　　然而，无论超级IP是以什么样的形式出现，一个超级IP都必须让众多粉丝喜爱并拥有知名度，还要具备潜在变现能力。

　　看到这里，相信大多数人对超级IP已经产生一定程度的认知了，你可能无法准确说出它的定义，但是当你再听到这个名词，相信你心里会有一个自我认识的概念。

　　网红经济时代，万千粉丝云集，各类财投聚焦，再加上超级网红的问世，都让我们不得不对超级IP另眼相看。说白了，超级IP就是生产力！

　　网红经济成为了时代的主流，全民移动直播更是改变了我们的表达方式、信息资讯获取能力以及我们的交际习惯。网红经济的盛行，让我们思考的不是成为一个IP，关键是如何借助新技术和新平台成为超级IP。

企业的BOSS（老板）应该是人格化的IP，企业的高管应该是能力化的IP。通俗地说，在网红经济下，企业要么成为超级IP，要么死掉。

同时，我们也应该看到，每一个拥有专长和特色的网红企业和个人，都有可能成为网红领域的超级IP。这既是网红经济赋予我们的公平与机遇，也是想要大展拳脚者要迎接的挑战。

■ 网红的IP化路线

"未来，每个人都有机会成名15分钟。"这是20世纪60年代，美国时尚大师安迪·沃霍尔的预言。时下，有人把这句话跟"网红经济"联系起来了，大家很疑惑："一个网红的火爆时长，是不是真的只有15分钟？"

我们不能否认这样的事实，当粉丝对网红的新鲜感丧失后，就鲜少会持续关注了，这也使得互联网时代难有长盛不衰的网红。这种"审美疲劳"，倒不是因为网红不如起步时优秀，而是源于心理学上的"刺激适应"。即：任何的外部刺激（无论是电击，还是金钱给予），最终都会被"适应"。

所以，网红要将ID向超级IP转换，其目的就是为了让网红找到更多的、更稳固的商业模式，有效地延长生命周期。

在这方面，我们可以借鉴一下国外的"网红经济"模式。

自2004年起，本尼·费恩和拉法·费恩就开始一起制作视频，然后上传到互联网的各大视频网站。截至2016年2月，他们的视频已经拥有了1400万的订阅量，视频点击率累计超过38亿次，成了实打实的"网红"。

没想到情况有变，之后费恩兄弟因为版权言论，引发了粉丝的不满，订阅量开始走下坡路。这次意外事件的发生，给费恩兄弟提了个醒：按照这条路走下去，不够稳定，一定要想办法变被动为主动。好在他们还有自己创立的F.B娱乐公司，两人开始制作各种数码类节目、电视节目，还当起了导演，拍摄独立电影，保证了他们"超级网红"的地位。

其实，像费恩兄弟这样的网红很多，去看看《福布斯》排出的最赚钱视频网红就知道了，很大一部分和他们一样，成立公司，独创品牌，延伸产业链。

国内的一些网红，已经嗅到了这股风潮，比如"呛口小辣椒"这对颜值高的双胞胎网红姐妹，就通过发布时装搭配吸引粉丝，然后创建了自有品牌。创立品牌，比单纯做一个漂亮的网红，生命力更持久。

结合实际的例子，我们归纳出三条网红IP化的路线。

路线3：刺激粉丝
实现目标

路线1：不断更换
刺激源

路线2：帮粉丝
解决需求

路线1：不断更换刺激源

既然粉丝们在一定时间后会对网红产生"审美疲劳"，那就不妨换一些模式，给粉丝们提供不同的刺激。以罗辑思维来说，它每天固定推送60秒的语音，有自己的视频节目，出版自己的作品，不断通过跨界合作让粉丝体验到新鲜感。

其实，这条路线有点像传统的品牌营销，保留品牌的核心价值，在形式上进行多元化的塑型和推广。我们经常喝的可口可乐，是百年的老品牌了，但它的包装经常在变，且总是结合社会的热点紧跟潮流，让粉丝经常收获新鲜的体验。

路线2：帮粉丝解决需求

"换汤不换药"，久了还是有可能让人感到腻烦。若是贸然地转型，又怕粉丝不买账。对于这样的情况，网红该怎么呢？"呛口小辣椒"在这方面做了一个表率。

姐妹俩先是在博客发布时尚自拍照，内容多是服装穿搭，高颜值、好身材、穿搭时尚，自然博得众多粉丝的眼球。后来，她们入驻美丽说，做了特约评论人；再后来，她们开了淘宝店，创建了自己的品牌。

姐妹俩借助自身优势，给粉丝推荐很多品牌的服装，有网购货，也有专柜货，符合白领们的审美和消费能力。依照她们的专业介绍来搭配，既省了银子，又不会轻易撞衫。她们着实就是从show自己转型到为广大爱美的女粉丝提供搭配建议，帮她们去搜罗可心的衣物，将喜爱自己的粉丝转化成了现实的消费者，同时也拓展了"呛口小辣椒"的网红之路，成为超级IP。

路线3：刺激粉丝实现目标

每个人都渴望拥有美丽和健康，所以减肥健身就成了一个永恒的话题，也催生了一个备受关注的新群体——减肥达人。

新浪微博有一位中国减肥英雄、懒人减肥明星叫赵奕然，他花了8个月的时间，通过自身摸索和研究，创建了原地花样组合跑减肥方法，减掉了120斤。这样瞩目的减肥成就，自然激励了大批的粉丝。赵奕然提供给粉丝的，不仅仅是一种激励，还在引导着他们做出努力。到后来，赵奕然就不仅仅是一个名字了，而是代表了一种减肥方式。

要增加粉丝的黏性，最好的方法就是强化他们的兴趣，让他们自己做一些事情，并且获得反馈。这样就等于将外部的刺激转化成了内部的动力。实际上，"呛口小辣椒"的做法，也涵盖了这一层涵意。

精准定位：要做超级IP，先做强自己

如今，虽然有很多人和企业都在向网红的道路上发展，可结果并不是很理想。究其原因不是方向没有选对，就是出发点错了。有的人做网红，输出的内容今天是直播吃饭，明天又开始直播吐槽，这样一个内容繁杂的网红直播ID，是很难从直播中脱颖而出，更没有可能发展成超级IP。不管是网红企业还是个人，要成为超级IP，先得有自己的精准定位和细分领域。

所谓精准定位，对网红来说，就是如何让变现的潜在粉丝选择的是

你而不是别人,你需要告诉大家你为什么和别人不一样。

那么,网红企业和个人要如何对自己进行精准定位呢?有没有比较明确的切入口?下面,我们就结合一些比较成功的案例,向大家传授网红精准定位的三个技巧。

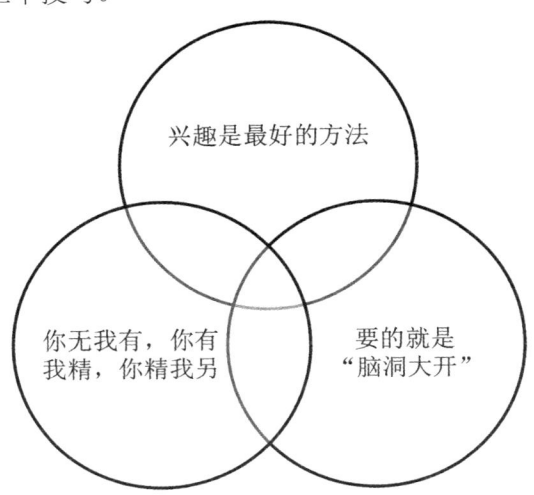

```
        兴趣是最好的方法

你无我有,你有          要的就是
我精,你精我另         "脑洞大开"
```

■ 兴趣是最好的方法

喜欢什么就做什么,听起来很任性,是不是?但事实真是这样,兴趣是最好的老师,也是最好的指明灯,更是坚持下去的动力。所以,在做网红之前,问问自己:我喜欢什么?游戏、音乐、吃……这些都是可以考虑的。

喜欢游戏的话,可以直播游戏;喜欢音乐的话,可以试着唱歌给观众听;若只喜欢吃,那就开开心心地做一枚"吃货达人",向观众分享好吃的,或者直播自己制作东西的过程,都是不错的选择。

禅猫网络创始人花蕾,给自己定义的标签是"文艺女青年""吃货",她用了12天的时间,打造出了火爆网络的"禅猫龙虾"。在宣传上，她改编了宋冬野的《董小姐》："爱上一匹野马，可我的家里没有龙虾，这让我感到绝望，董小姐。"

瞧，这就是一个从"吃"崛起的超级IP的成功案例，或许你会说它并不是通过网红打造出来的超级IP，但我们只是想通过这个案例把精准定位的方法告诉你，至于如何运用到网红超级IP的养成里，就只需转换一下即可。

■ 你无我有，你有我精，你精我另

很多网红企业和个人，脑子里没有这个概念，完全是跟风走。比如，看别人做吐槽挺火的，就跟着做，但试着做了几场后就做不下去了，因为自己根本不擅长脱口秀；再如看别人做"网红如何变现"的内容很吸引人，也开始涉及这方面的内容，但因为不是专业人士，很多问题不能一针见血地指出，就无法形成自己的优势和竞争力。

做网红和创业差不多，都是"做熟不做生"，你熟悉什么、擅长什么、精专什么，就选择这个领域去做，更容易出成绩。

超级网红Papi酱是中央戏剧学院导演系科班出身，她选择了用吐槽的方式来展示自己。她以大龄女青年形象出现在观众面前，凭借张扬的个性、毒舌吐槽调侃、接地气的内容，迅速引爆网络。如果没有影视专业知识为基础，不懂得直播选题设计、不了解年轻群体对娱乐直播的需求，她的直播就无法获得广泛的共鸣。

在这一点上，Papi酱恰好具备了专业优势，她的直播反映出了清晰的价值观：崇尚真实、摒弃虚伪、吐槽装腔作势、倡导个性自由。细想想，这正是现代年轻人追求的东西！所以，你能说她成为超级IP是偶然吗？

网红经济时代，你想做自己所在领域的佼佼者，就得有拿得出手的专长。你无我有，你有我精，你精我另，给粉丝提供精神营养，才能够激发共鸣，赢得信任和支持。

■ 要的就是"脑洞大开"

当你找到了自己喜欢的、擅长的领域后，接下来就要打造出一套有个人或企业特色的理论，即你的思想体系。在这方面，"罗辑思维"是最好的诠释。

在罗振宇打造的"罗辑思维"中有一个突出的观点：U盘化生存，即"自带信息，不带系统，随时插拔，自由协作"。他认为，在互联网社会，很多底层的人都可以改变命运，市场是一个非常公道的价值评论体系，以手艺人的方式、以插件的方式、以U盘化生存的方式，随时随地插拔到各种系统上，价值就不会僵化。

这样的思维，着实给不少困惑中的人带来了启迪，这也是"罗辑思维"成为超级IP的重要原因。

魅力人格体，超级IP的闪光点

在网红经济里，网红不论是扮演何种角色，都希望自己能像一块磁石，把周围的人牢牢吸住。这样一种让人喜欢、让人欣赏、让人崇拜的强烈吸引力，就是魅力人格体。

成功学大师拿破仑·希尔曾经说过:"有魅力的人,人人都爱和他交朋友,人人都乐于为他做事;和有魅力的人相处总是愉快的,他好像雨天的太阳,就连最冷酷无情的人都能受到他的感染。"

的确如此,魅力人格体,是超级IP的闪光点。一个从来不认识你的人却愿意观看你的直播,这就是你在颦笑之间的魅力光彩。个人魅力最大的优点是能提高影响别人的能力,当人们认为你这个人很有魅力时,他们更有可能听从你的建议。

有些网红的魅力来自遗传,是天生的。但大多数人都不具备天生的社交技能,需要后天的努力和学习。魅力并不是一种遥不可及的梦想。容貌是上天的赐予,美丑是无法改变的,而魅力——这一内在的美丽是可以获取的,它平等地摆在每个人面前,只要从发扬自己的个性优势入手,就一定能将自己塑造成独一无二的魅力人士。

但人格魅力又是一个极为复杂的系统工程,需要内外兼修,慢慢修炼,无法一蹴而就。

那么,网红该如何去打造它呢?最有效的四种方法列举如下。

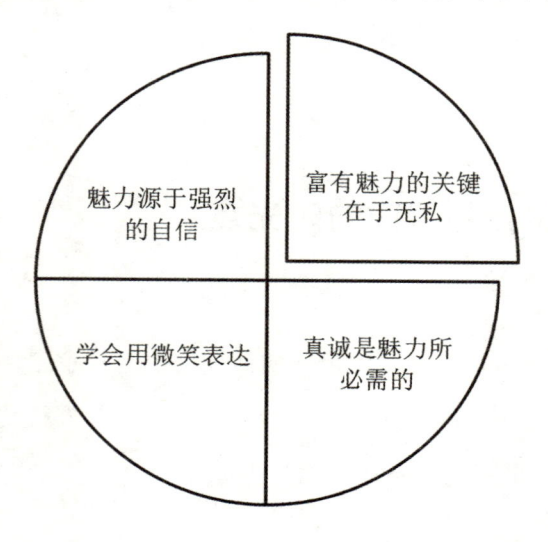

- 魅力源于强烈的自信
- 富有魅力的关键在于无私
- 学会用微笑表达
- 真诚是魅力所必需的

富有魅力的关键在于无私。你不应向观众索取什么，比如，表演才艺就向观众索要打赏。急功近利的人不会博得人们的好感。

学会用微笑表达。不要忘记在与观众互动时微笑。有些时候不需要语言，但是需要表达，这个时候就使用你的微笑，可以弥补语言表达的不足。

真诚是魅力所必需的。没有人会对一个虚伪的人产生好感，你首先应该真诚对待观众，这样才能达到应有的效果，观众才会觉得你是一个真实的人。

魅力源于强烈的自信。自信的感觉是人类最舒服的感受，表现出来也是最吸引人的表情，那是一种没有什么不可以的豪情，也是一种不会有问题的保证。与这样的人交往相处，自由自在，没有麻烦，不是一种很享受的状态吗？

简而言之，魅力人格体是网红建立超级IP不可缺少的一个重要因素，它是与观众互动、沟通过程中得心应手的工具，对于网红变现，它也会起到至关重要的作用。所以，多多练习，就会从中发现无穷价值。

什么样的内容能引爆IP

网红经济的内容，已经不仅仅停留在制作一个视频、拍摄一则广告的层面上，而是上升到了超级IP的高度。打造超级IP不是一件轻松简单的事，就目前我们所看到的那些超级IP，背后无一例外都是精挑细选的内容，和默契至极的团队协作，以及时间的磨练。

一个超级IP，它在内容上是绝对不会逊色的，网红圈有个共识，那就是好的内容才是吸引粉丝的根本。

我们在此说的"内容"，范围是很广的，可能是一篇文章，也可能是一条视频，或者是一张图片、一次特别的体验。只要网红的内容有价值、吸引人，那么基于这种原理的输出方式，都将是成功的。从这个层面上来说，一个超级IP，必然要具备好的内容，否则的话，它不可能有孵化、延展的空间。

可以这样讲，好的内容是网红养成超级IP的核心。

那么，什么样的内容才能称为"好"呢？至少要包含两个方面。

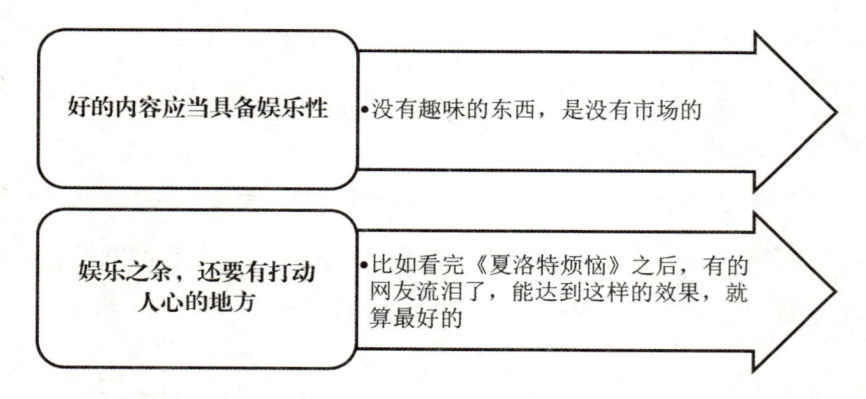

好的内容应当具备娱乐性	→ 没有趣味的东西，是没有市场的
娱乐之余，还要有打动人心的地方	→ 比如看完《夏洛特烦恼》之后，有的网友流泪了，能达到这样的效果，就算最好的

如果你还不能理解的话，我们看看下面这个案例，相信看完你就能明白了。

2015年10月，网红企业锤子科技的罗永浩发布了"只有18%的人会喜欢的"文青版坚果手机。在庞大的手机市场里，专门为文艺青年制作的手机，还确实有点意思。尽管配置没什么可说道的，但坚果手机在外壳上却做足了功夫，尤其是对手机外壳的极致表述，彰显了文艺青年最渴望呈现的特质。而且，这款手机在发布会前打出的几张悬念海报，做得也非常有"社群感"。

发布会当天的海报是这样的："今天，下午7：30，文艺青年们的聚会。现在可能很难想象，我不能说，要保密一段时间，你可别出去胡啰啰啊，这是很严肃的。你信也罢，不信也罢，理由只有一个，是给你的。"

怎么样？这样的内容是不是很煽情？又很符合文艺青年的口味？

其实，这就是内容的高明之处。所有的超级IP，都是"狠"做内容，比如NIKE曾经做的跑步广告片"LAST"：向最后一名马拉松运动员致敬，也是打动了无数人的心。

我们一直在谈内容，那么超级IP的内容落脚点在哪里呢？换句话说，我们在打造超级IP时，要从哪儿入手来做？下面，我们向你传授构建超级IP网红内容力的五大"内容分类"。

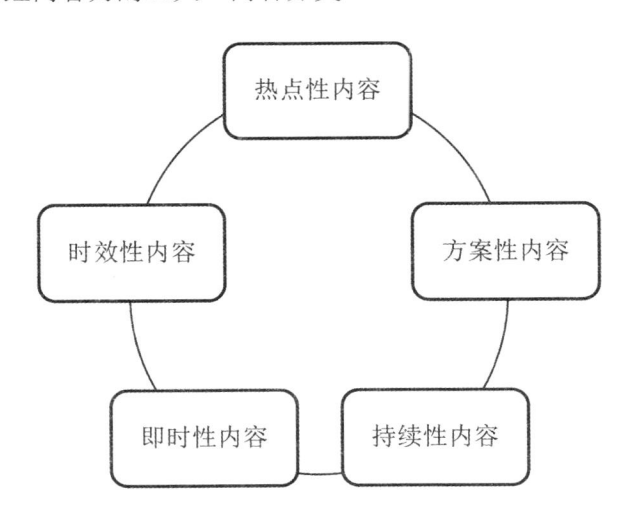

```
         热点性内容
       ╱          ╲
时效性内容        方案性内容
       ╲          ╱
    即时性内容  持续性内容
```

热点性内容。顾名思义，热点性内容就是在某一时间段内，搜索量迅速提升、人气关注度高攀的话题内容。网红要了解热点事件，可以借助平台通过数据进行分析，比如百度搜索等，用好了热点就能迅速带动流量。

时效性内容。所谓时效，就是在某一时间段具有较高的价值，比如

"戛纳电影节""世界杯""奥运会",这些都属于时效性内容,如果利用得好,创造出有价值的直播内容,往往就能拥有一定的人气关注度。

即时性内容。即时性内容,是指网红在输出内容时要充分展现当下所发生的事和物。运用即时性,一定得掌握好策略,在第一时间完成内容创作,如果成了跟风行为的话,那效果就差很多了。

持续性内容。持续性内容,就是说内容的价值不会随着时间的变化而变化,不管在哪个时间段,它都能产生一定的效应。在网红输出的内容中,持续性内容属于中流砥柱,也是运用得比较广泛的。

方案性内容。方案性内容是有计划的、符合网红营销策略的内容,在制定时进行市场调查,考虑到受众群体、主题选择、社交平台、预期效果等,通过数据对比分析,做出相应的计划。就其本身内容来说,是很有价值的,含金量比较高。

打造超级IP,必须"贴标签"

一个成功的网红必定是标签化的,这样才更容易被人们记住,这一点非常重要。所谓的"标签化",我们可以理解为在网红企业或个人身上存在的具有显著标志性的符号,它令你与其他竞争者区别开来,让观众知道你是谁。

网红企业或个人的标签是一种易识别、能够重复带给粉丝群体的记忆点。许多成功的网红都会为自己设计标签,它最大的好处是有助于提升网红在粉丝心目中的品牌形象,打造超级IP。换句话说,网红企业或个人要想打造超级IP，就必须为自己"贴标签"。

在优酷直播常年进行游戏解说的网红主播"小熊flippy"便是这种标签化演绎的代表性人物。

在"小熊flippy"微博、微信等社交平台的首页醒目位置上，小熊flippy设置了"一个战场上笑声最大的战士"的字样，这便是小熊flippy的个人化标签。这一标签不仅出现在他的社交页面，在每个其解说的游戏直播开头，小熊flippy都会以"一个战场上笑声最大的战士，大家好，我是小熊flippy"作为开场语。

这一做法令其与其他主播明显地区别开来，在任何场合下，只要听到或看到这句话，观众马上就会联想到小熊flippy的名字。

我们再来看已经获得了巨额融资的超级网红papi酱。

这位凭借自拍短视频获得巨大成功的超级网红的口头禅是"我是papi酱，一个集美貌与才华于一身的女子"。而这句话成为媒体与粉丝竞相传播的焦点。这句话从此也成为papi酱的个人标志性标签。

从上面两个案例我们能够感受到，标签在推动超级IP建设上所起到的重要作用。当然这里所说的标签并不是严格意义上的文字称谓，文字只是其中的一类，还包括很多其他形式。其本质就是：

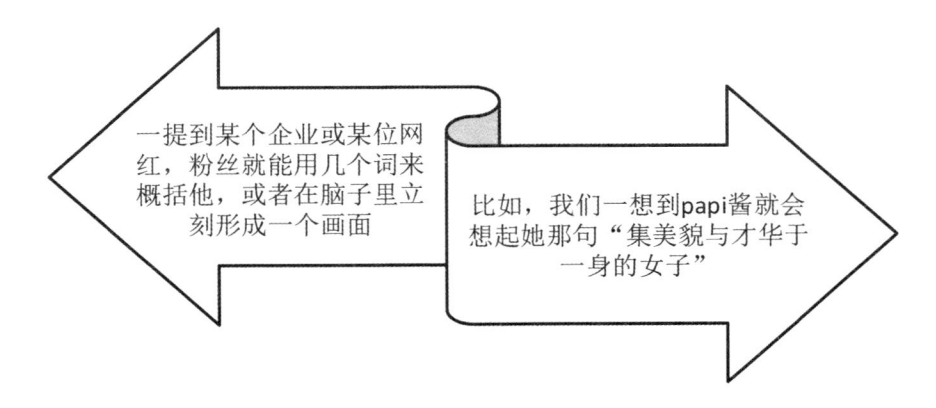

一提到某个企业或某位网红，粉丝就能用几个词来概括他，或者在脑子里立刻形成一个画面

比如，我们一想到papi酱就会想起她那句"集美貌与才华于一身的女子"

既然标签如此重要，那么，网红企业或个人应该如何给自己"贴标签"呢？也就是说，我们应该如何设计自己的个性化标签，让观众"过目不忘"呢？以下有四个拿来即用的方法和技巧。

```
符合气质    方便记忆
要新不要烂  反复使用
```

- **符合气质**

网红企业或个人在设计标签时，首先要让标签符合企业或个人的定位与气质。同时需要注意的是，标签并非一成不变，如今时代飞速发展，标签同样也会变得陈旧，只要符合气质，在留存主体的基础上进行适度深加工，既能够增加粉丝的新鲜感，同时也能令粉丝对主播产生更多方位的记忆体验。

- **方便记忆**

设计标签时，另一个需要遵循的原则便是"方便记忆"。过于烦琐、深奥、生僻的标签会令受众产生记忆抗拒。因此，网红企业或个人必须遵循以下原则设计出"方便记忆"的标签。

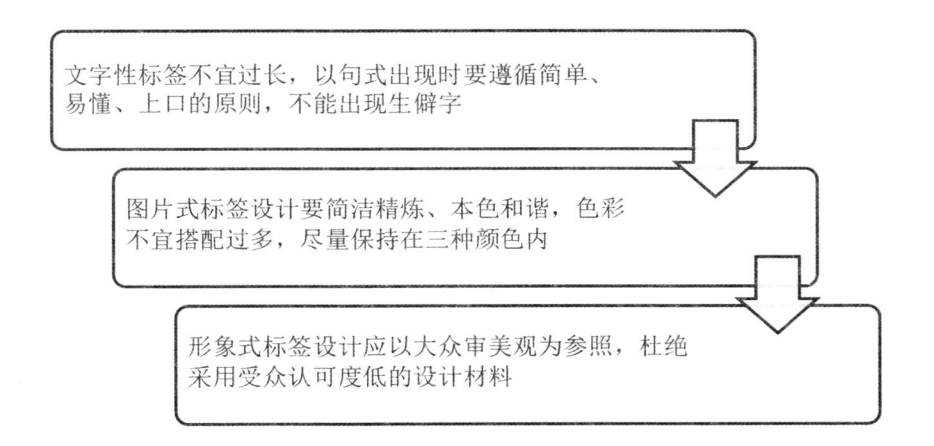

文字性标签不宜过长，以句式出现时要遵循简单、易懂、上口的原则，不能出现生僻字

图片式标签设计要简洁精炼、本色和谐，色彩不宜搭配过多，尽量保持在三种颜色内

形象式标签设计应以大众审美观为参照，杜绝采用受众认可度低的设计材料

"方便记忆"是网红企业或个人设计标签需要达到的最佳效果，一个容易被记住的标签在网红传播过程中往往能起到事半功倍的效果。

■ 要新不要烂

设计标签时还要遵循"要新不要烂"的原则。所谓"要新不要烂"，是指标签设计要力求新颖、前无古人，那些已经被使用过的标签，如果照搬抄袭不仅不能对打造超级IP起到积极作用，反而还会拖后腿。

比如，几年前"网游第一美女"的标签一经问世便受到广大网友的追捧，然而随后一大堆打着"网游第一美女"旗号出现的个人直播，不仅没能获得成功，反而把"网游第一美女"的标签做烂了，时至今日再无人去相信它、关注它了。

我们应该清楚，好的标签具有排他性，一经深入人心便很难改变。为了避免"标签撞车"，最简单的方法就是设计多形式的标签，比如文字与图形、文字与形象等，把不同形式进行有机结合融为一体。除此之外，还可以通过百度进行标签检索，看看是否有雷同的标签存在。

■ 反复使用

在标签投入使用后，还要特别注意对标签进行反复使用，即在推广宣传的时候都要保证标签也随之曝光，尤其在推广的初期。这样做的好处是：在面对观众时增加个人品牌的识别度，树立网红在观众中的个人品牌形象。比如上文案例中的小熊flippy、papi酱，实际上采用的就是这样的做法。

当然，经过了网红初期运营，粉丝累积达到一定基数后，也可以适当调整个人标签的出现频率与形式，甚至可以对标签进行一些微调，以增加给观众的新鲜感。

网红直播：低门槛下的个人IP化

直播平台最大的特质是UGC，即由网红为用户创造和提供内容，在直播平台上建设并维护自己的个人形象，与粉丝进行实时互动。

与传统平台相比，直播平台大大降低了个人IP化的门槛，并能够借助平台机制进行个人影响力的快速变现。

个人化的IP早已出现，并展现了巨大的价值创造能力。如新东方培育了罗永浩、徐小平、周思成等名师，中央电视台涌现了罗振宇（罗辑思维）、王凯（"凯叔讲故事"）、马东（米未传媒）等个人化IP。

这些个人在成长为超级IP后，他们开创的新业务既容易获得媒体和资本的认可，也容易聚合起大量粉丝用户，打造流畅快速的变现渠道。

互联网的深度发展加快了个人IP化进程，提供了更加多元的IP化渠道和变现方式。大鹏、ayawawa、呛口小辣椒、vcman、雪梨、董小飒、咪蒙、同道大叔等快速崛起，并通过淘宝平台、视频网站、知乎、微信等不同的渠道完成了变现。

不过，个人IP化仍是小范围、小群体的专利，还没能真正走向大众。平台的限制导致个人IP化发展缓慢，主要表现在以下两个方面。

← 平台运营机制导致个人IP化的门槛提高
→ 个人化IP缺乏顺畅高效的变现渠道

IP化的个人与粉丝缺乏通畅有效的交互沟通平台，影响了粉丝忠诚度的提升。直播平台的大众化、快速变现、实时交互特质为上述难题提供了有效解决方案，推动了以网红主播为代表的个人IP化的规模化、批量化发展。

具体来说，直播对个人IP化主要有以下四个好处。

直播降低了内容生产的门槛	提供了便捷、顺畅的沟通渠道
变现渠道更通畅	粉丝基础更强大

■ 直播降低了内容生产的门槛

以往,由于内容制作的门槛较高,个人IP必须经过长时间的积累并有意为之,才能打造出来。比如,罗永浩分享的人生态度、吴晓波对财经信息的分析等。

从网红的发展历程来看,李寻欢、今何在、安妮宝贝等第一代网红凭借的是深厚的文学功底;图片时代的流氓兔、芙蓉姐姐、奶茶妹妹等网红依靠的是吸引眼球的美女图片;宽频时代的胡戈、papi酱等则凭借备受追捧的创意性优质视频内容而成功突围。

虽然不同阶段个人IP化的模式不同,但这些IP化的个人都是拥有较强专业内容创造能力,或者背后拥有专业运营团队的少数人。

现如今,直播平台大大降低了内容生产的门槛。不需要专业化的知识、技能或剪辑拼接能力,直播平台上的内容可以随手创造。

当然,若要在众多主播中成功突围,仍然离不开内容方面的深耕细作。但如果只是想获取小范围的影响力,直播形式无疑是个人IP化的最好方式。

■ 提供了便捷、顺畅的沟通渠道

虽然容貌、声音等因素在直播平台上依然发挥着效用,但很多有特点的个人也能借助直播平台快速扩散影响力,即便他们无法将知名度扩展到更大的范围,也至少会成为直播平台上某个圈子里的达人,并聚合起一批拥趸者。

这些直播平台上的达人也许没有特别出众的相貌，但却代表着圈内的粉丝群体，赢得了粉丝的心理认同。

对于粉丝来说，重要的不是网红所讲的具体内容，而是内容能否与网红的个人特质相契合，能否真正满足"我"的心理诉求，从而使以往只能"远观"的影响力，变成"我"的代言人。同时，粉丝通过打赏、点赞、互动评论等方式，帮助网红扩散知名度和影响力，在网红成长过程中扮演着重要的角色。

在明星与粉丝互动方面，日本大型女子偶像组合AKB48无疑是最成功案例。通过"台上表演，台下观看，台下反馈决定台上演出"的交互传播机制，粉丝见证和参与到了偶像出道、成长、爆红的过程中，并在很大程度上决定了偶像的成长路径和成长高度。

AKB48的互动养成模式，创造了一种全新的偶像培育和成长路径，能够获得粉丝更深度和更长久的认同。如在AKB48"总统"选举期间，中国粉丝在极短的时间里筹集到180万元的费用。

直播网站与AKB48的偶像养成模式十分相似，而且门槛更低：粉丝决定主播的收入，并帮助主播进入热榜；主播则对粉丝的打赏、点赞等行为即时感谢，与粉丝实时互动，并根据粉丝要求进行相应的表演。直播平台超强的实时交互功能为网红和粉丝提供了便捷、顺畅的沟通渠道。

■ 变现渠道更通畅

在电子竞技领域发展起来的直播与秀场密不可分，秀场模式也成为直播的主要形态。直播平台上的用户打赏机制成为网红个人影响力变现的高效渠道。平台上的实时交互功能使网红能够获得更多的即时信息，从而根据粉丝打赏情况、观众数量等判断自身或直播内容的受欢迎程度。

与尚未成熟的微博、微信的打赏机制相比，直播平台个人化IP的打赏机制已相对完善，一场直播收入成千上万元并不少见。

比如，当前电竞领域最具影响力的人物Miss，一场直播的打赏收入甚至能够达到上百万元。

■ 粉丝基础更强大

传统个人化IP缺乏有效的交互沟通渠道，阻碍了偶像与粉丝的长久、深度互动，造成个人化IP粉丝基础薄弱，制约了IP化个人品牌的发展。

与此不同，直播的实时互动机制强化了用户打赏行为，很多粉丝不惜花费重金获得网红的关注、加微信特权或者连麦交流。这与罗振宇大受追捧的线下讲座和会员活动具有相同的内在逻辑：主播获得了更多的粉丝变现价值，而粉丝也借此与偶像实现了近距离的亲密接触和互动，又增强了主播的粉丝基础，为IP化个人影响力变现提供了有利条件。

与以往个人化的IP不同，网红多是与粉丝关系紧密、能够代表粉丝的普通人，直播内容也多是更加随意的生活化场景。这不仅凸显了主播的个人特质，也使直播内容更加丰富多元，从而能够长久有效地吸引和黏住更多粉丝。

第6章 网红电商：社交红利时代的新型电商模式

世间万物的发展皆有定数，商业发展也不例外。2015年，网红电商突起；2016年上半年，网红电商、网红+跨境电商、社交电商、直播+网红电商红极一时。它们的出现，似乎让各大电商找到了"吸金"的好模式。虽然"吸金"，但"网红电商"的模式对于大多数人来说，还是显得比较陌生。是否适合自己、存在哪些"坑"、如何切入进去，都还是问号。本章将从一个行业服务者的角度，分享一些看法，希望能抛砖引玉，让你懂得如何利用"网红电商"走上"吸金"的巅峰。

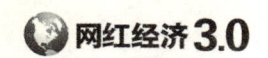

网红电商：电商营销模式的创新

随着移动互联网的普及和发展，网红成为近年来最火热的词汇之一，尤其是在2016年，网红一词一再登上热搜榜。网红催生出了一个新的经济模式——网红经济，为移动互联网经济的发展开启了一扇新的大门。随着相关技术的发展，网红也逐渐摆脱了单一的模式，其中的网红电商尤为引人注目。

站在这扇新打开的大门前，站在网红经济的风口上，接下来的路有机遇，也有挑战。我国的电商经过十余年的发展，其模式基本上已经成熟，要想实现突破从而更上一层楼很难。而进入网红经济时代之后，"网红+电商"的模式则给电商的突破和发展指明了一条新路。

淘宝首先开始了这种模式的尝试，推出了"淘宝网红"，取得了一定的成果，推动了"网红+电商"模式的应用。目前，网红电商已经成为了一种新的经济发展模式，未来将在工作、生活等领域得到更加广泛的应用，进而将引领互联网的入口流量端实现巨大的变革，其作用和影响难以想象。

什么是网红电商？一般来说，网红电商就是运用网红将原有的商业模式展现出来。具体来说，网红对于电商有以下三大好处。

| 网红发展为粉丝经济，并有效进行电商导流 | 网红经济价值凸显，市场容量巨大 | 网红经济仍有成长空间 |

■ 网红发展为粉丝经济，并有效进行电商导流

随着一大波网红的袭来，网红已经从一种社会现象变成了一种经济行为。现在的网红已经不是单纯分享及受人追捧那么简单，而是通过与服装、化妆品以及外设店等的结合，实现了社交资产的变现。

网红本质上代表了一种对个性化的追随，网红经济隶属于粉丝经济的范畴。随着网红群体影响力的不断提升，网红的覆盖范围也不断扩大，已经逐渐延伸到了各个细分领域，比如动漫、美食、旅游、游戏、健身等领域都出现了网红。

从单领域延伸到多个细分领域的行为，表明网红是一种满足大众个性化需求的表现形式。现在的很多网红已经实现了公司化运作，专注于经营网红品牌。这些公司少则十几人，多则几百人，通过经营网红品牌将品牌渗透进后端的整个供应链体系中。

流量对电商平台而言具有重要的价值，而为电商平台导流则是网红的作用之一，目前电商导流已经演变成内容运营。网红利用自己对粉丝的影响力，推动淘宝站外的流量变现，除了开发淘宝站内的粉丝经济之外，网红还发动粉丝的力量吸收更多外来的流量。

过去，网红可能只是在网站上分享一些爆款，而今，网红大都走上了自己开店、自主经营品牌的道路，并开始注重供应链的管理和经营。

■ 网红经济价值凸显，市场容量巨大

网红经济的快速崛起从淘宝平台上可见端倪，在淘宝、天猫上，网红店铺已经蔚然成风。

网红经济 3.0

截至2015年12月，淘宝平台上的网红数量已经达到了数百位，追随他们的粉丝超过了5000万。他们通过微博、QQ等社交平台聚拢了一大批粉丝，并引领了时尚的潮流。网红在淘宝平台上推崇预售以及定制，辅以淘宝商家强大的生产链，构成了网红经济独有的商业模式。2015年9月，淘宝为了支持网红的发展开设了iFashion平台。

除了服装领域，网红经济在其他领域也有巨大的发展空间。人们生活涉及的层面丰富多样，在互联网时代，只要有一技之长或者在某个领域有特殊影响力，都有机会做网红，除了美女，像摄影达人、游戏高手等拥有固定粉丝群体的人，也有潜力影响粉丝的消费行为。

此外，网红经济在电子竞技、旅游以及母婴用品等行业也实现了广泛渗透，并使各个行业发生了巨大的变革。未来在这些领域，网红经济会迸发出更大的发展潜力。

■ 网红经济仍有成长空间

在巨大的利益诱惑下，将会有更多人进入网红经济市场，未来网红经济还将快速增长。知名网红凭借漂亮的容貌、姣好的身材、前沿的时尚眼光以及独特的服装搭配，在微博、微信等社交平台上网罗了大批的粉丝，并通过淘宝、微卖等平台将粉丝流量变现。

在丰厚回报的吸引下，未来会有更多网红投入到网红品牌的经营中，进一步推动网红经济的发展。

线上服装品牌"Zara"紧跟当下流行趋势，满足了消费者对时尚的追求，因而受到众多消费者的欢迎，未来有望实现进一步扩张。传统的服装企业一般都遵循这样一个运作流程：设计师设计产品——厂家生产——实体店上货销售，这样一来就延长了商品的周转时间，很容易错过最佳的销售时机。而以Zara为代表的快时尚品牌追求的就是"快"，他们采用买手模式，将品牌中畅销的款式迅速下单生产，并快速完成配送、上货，顺应了消费者时尚需求快速变化的趋势。

网红店铺也像很多快时尚品牌一样，采用了相似的经营模式，以粉丝的评论反馈为参考，减少挑选款式的时间，并尽快生产订单，快速配送，在有现成面料的情况下，最短只要一周的时间，粉丝们就可以得到梦寐以求的网红同款。

年轻的消费群体更容易产生冲动消费和感性消费，而产品的快速周转就是利用了消费者的这一消费特性，因而能够实现迅速的推广和普及，未来网红模式将迎来一个爆发期。

从目前的形势看，网红创新了电商的营销模式，为电商的发展提供了一个新的思路，为网红变现提供了一种新方法。目前，在网红电商领域中，淘宝、蘑菇街和聚美优品各占一席之地，淘宝聚划算直播以明星为切入点，聚美优品和蘑菇街的直播则以网红为切入点。无论策略如何、方法如何，网红电商的模式已然兴起。

网红经济对于电商发展的三大动力

网红经济的快速发展不仅炒热了网红店铺，而且为网红店主带来了巨大的经济收益。在淘宝网举办的"网红经济"研讨会上，六位"网红"应邀参加，平均每人每年的净收入都达到上亿元。

远在大洋彼岸的美国也掀起了一股网红经济的潮流,比如在图片社交APP Instagram里,粉丝数量达到百万级别的网络红人图片广告的单价达到上万美元,网红经济的发展打开了品牌营销的大门。

淘宝平台开放性的特征为网红经济的发展提供了有利的条件,网红们有机会在平台上开店,并将自己积攒的人气实现价值变现。在淘宝大数据的支持下,网红们通过后台的销售数据就可以掌握粉丝的爱好,并结合粉丝的动作变化以及购买转化情况,实现对客户的精确定位,为产品营销提供有价值的参考。

网红经济作为电商领域的一股新生力量,已经得到了资本市场的广泛认可。那么,网红经济对于电商发展为什么会具有如此大的发展潜力?

总结起来,可以归纳出以下三个动力。

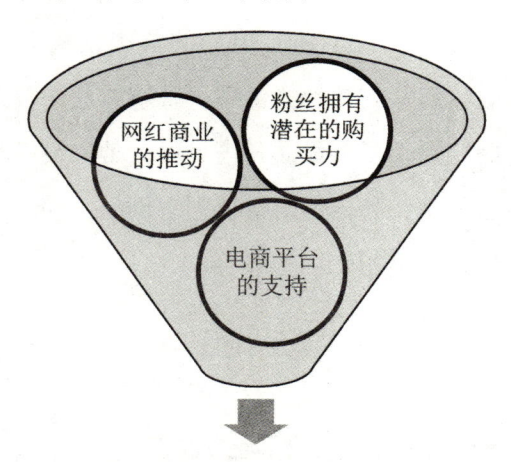

网红经济对于电商发展的三大动力

为了更好地让大家明白网红经济对于电商的三大动力,下面将对这三大动力进行详细的说明。

动力一:网红商业的推动

网红作为一个独立的个体,力量较为薄弱,仅靠个人的力量做好店铺的日常运营、供应链管理、设计、打版、库存、客服等一系列工作难度很大。

一些具有敏锐嗅觉的创业者嗅到了这一商机，于是通过入股的方式为网红店铺提供整套解决方案，帮助网红店铺突破瓶颈，实现更迅速的成长，比如莉家、榴莲家等。

动力二：电商平台的支持

网红经济强劲的发展势头也引起了电商平台的关注，电商平台通过为网红经济提供相应的扶持政策，支持网红店铺的发展，同时还专门为网红店铺研发了相应的配套产品。

动力三：粉丝拥有潜在的购买力

所有的网红都有一个共同点，那就是在社交平台上拥有百万乃至千万量级的粉丝，这也是他们能成为网红的重要基础。

与普通的网店相比，网红店铺在供应链上有独特的优势。下面是普通网店的运作模式和网红店铺的运作模式对比图。

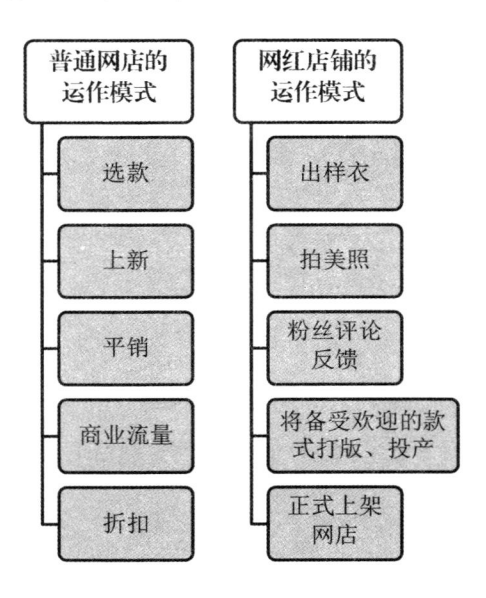

普通网店的运作模式	网红店铺的运作模式
选款	出样衣
上新	拍美照
平销	粉丝评论反馈
商业流量	将备受欢迎的款式打版、投产
折扣	正式上架网店

网红对自己积累的庞大的粉丝群体进行精准营销，将粉丝力转化为购买力，收获颇丰。

网红电商蕴含的商业价值

如日中天的网红经济，正在与不同的互联网行业结合起来，形成网红电商。说到这里，首先向大家普及一个知识点，何谓网红电商？网红电商就是网红通过电商平台来售卖产品或服务、支持交易。

从目前的形势看，网红创新了电商的营销模式，为电商的发展提供了一个新的思路，为电商变现提供了一种新方法。可以毫不夸张地说，网红电商，是绕过BAT的另一个机会。

和传统的电商不同，网红电商借助于互联网经济互动化、生活化、场景化等优势，将商品和用户直接联系在一起进行闭环引导，构建一个完善的变现模式。在该模式下，无论是对商家还是消费者，都表现出了其他模式不具备的优势。

下面，我们着重从消费者和商家的角度来总结一下网红电商带来的好处。

■ 消费者价值

对于消费者来说，网购最大的缺陷就是不能进行真实的体验，从而增加了决断的困难性。网红电商则很好地解决了这一问题，通过网红将产品更加客观、真实地展现在消费者面前，为消费者决断提供了可靠的依据。

归纳起来，网红电商可以为消费者带来以下三大商业价值。

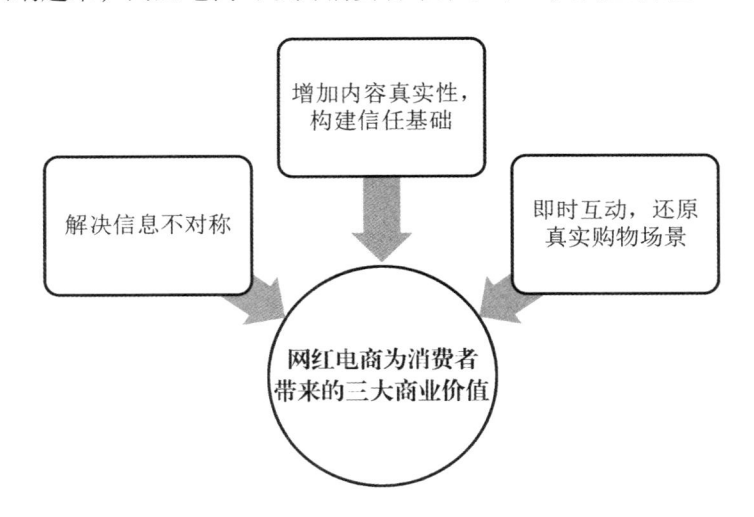

```
                    ┌──────────────────┐
                    │ 增加内容真实性，  │
                    │  构建信任基础    │
                    └────────┬─────────┘
                             ↓
┌──────────────────┐                    ┌──────────────────┐
│  解决信息不对称  │ →  ╭──────────╮  ← │  即时互动，还原  │
└──────────────────┘    │网红电商为│    │  真实购物场景    │
                        │消费者带来│    └──────────────────┘
                        │的三大商业│
                        │   价值   │
                        ╰──────────╯
```

解决信息不对称。用户在网购的过程中迟迟难以抉择是否购买的一个重要原因就是获取的商品信息较少，用户对产品的了解不详细。而网红推广方式，使得商家和用户之间信息不对称的问题得到了很好的解决，网红传递出来的信息更加完善、丰富，能给用户决策提供更有效的支撑。

增加内容真实性，构建信任基础。在很多消费者的意识中，网购容易买到假货。因此，在消费决策的时候，他们考虑的问题往往更多，比如：这件衣服上身效果如何？这个化妆品是不是真的？用后会不会过敏？这款产品是不是真的比线下商场便宜？这种种问题都消减了消费者购买的积极性。

而通过网红电商，商品的真实属性得以还原，传播的内容更加真实，消费者对商家的信任度得以有效提升，用户与产品之间、与品牌之间的信任基础得以建立，使得消费决策更加容易。

即时互动，还原真实购物场景。 在网红直播的过程中，用户和网红、用户和用户可以通过弹幕、留言等方式相互交流，有效地提升了用户的参与感。同时，直播独具的社群属性，能让兴趣相同、需求一致的用户聚集起来，一同消费，从而营造出一种团购的氛围，这种效果是传统电商和电视购物都无法做到的。在这种氛围下，无论是场景灯光还是场景音乐，都会对消费者决策产生影响。

■ 商家价值

对于商家来说，网红电商能帮助其降低成本，增加流量，增加利润等。我们对其进行总结归纳，可以得出以下几点商业价值。

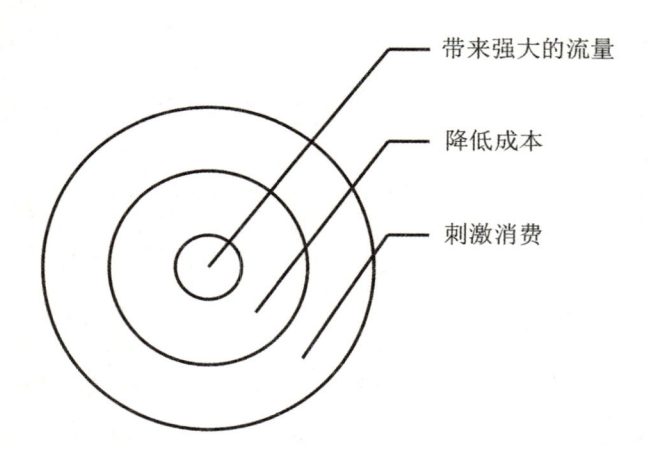

- 带来强大的流量
- 降低成本
- 刺激消费

带来强大的流量。 对于电商平台来说，流量是非常重要的，流量越多，产生的购买力就越大。在网红电商模式中，通过利用网红的个人魅力迅速地集聚观众，产生粉丝效应，为电商平台带来巨大的流量。

降低成本。 网购的优势在于其便捷性，但是其中也存在诸多问题，比如不能获得真实体验、对产品信息的了解不够深入等等，这些问题都会影响客户决策。为了提升客户的购物体验，各电商平台都在努力解决这些问题：设置导购达人、设置在线3D试衣间、设置VR设备等。这些方法虽然有效，但是所需要的人力成本和技术成本很高，一般的电商平台难以支撑。

而借助于网红电商，传统的一对一导购模式被彻底颠覆了，网红能同时对多名顾客进行讲解，并且由于视频的介入，这种讲解的真实性很高，顾客也比较容易接受和信服。对比说来，网红电商所产生的导购效果更好，所耗费的成本也更低。

刺激消费。网红电商能对消费产生刺激作用主要有以下两方面的原因。

> 通过网红，用户接收到的信息更加真实、更加丰富，用户对商家的信任度提升了，没有了后顾之忧，决策更加容易

> 在网红推广的过程中，网红会对用户的心理和决策产生一定的影响。有的时候，用户可能会因为网红的某一句话就决定购买，也有可能因为网红的个人吸引力决定购买。总之，网红能对用户的消费决策产生重要影响

值得注意的一点是：网红电商的团购范围并不是降价促销造成的，而是通过网红、明星形成的。因此，相较于降价团购来说，这种意义上的团购不会影响商品价格，能帮助商家获得更高的利润。

在如今的网红电商领域中，淘宝、蘑菇街和聚美优品三分天下，各占一席之地。其中，淘宝聚划算以明星为切入点，聚美优品和蘑菇街以

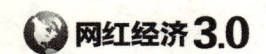

网红为切入点。

网红电商模式的落地

虽然网红电商这种模式给跨境电商的发展带来了机遇,但是从本质上看,这种模式只是改变了一下宣传方式而已,与"电视+电商"模式非常相似。因此,要想促使电商能借助此模式得以长久发展,还要解决下面三个问题。

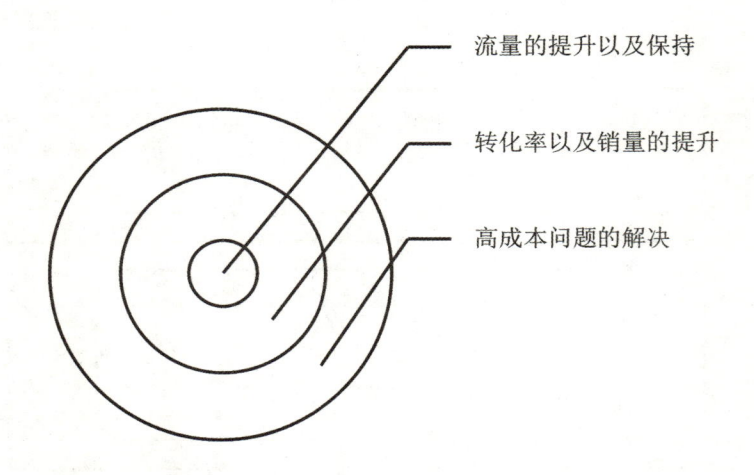

- 流量的提升以及保持
- 转化率以及销量的提升
- 高成本问题的解决

■ 流量的提升以及保持

在网红电商模式下,流量要如何评定?一般来说,在网红推广的过程中,吸引的粉丝越多,就表明获取的流量越多。平台不同,推广方式不同,其获取的流量会有很大差异。对于网红来说,人气越高、粉丝越多，获取的流量也就越多。

因此，电商在应用"网红电商"这种模式发展的过程中，首要面对的就是流量问题——流量高的电商平台要怎么保持高流量增长，流量低的平台要怎么提升流量。

为了解决这个问题，电商或许会将合作对象锁定在高人气网红中。除了选择合作对象之外，也会继续对内容进行优化，以便通过内容打动观众，提升观众的参与度。

■ 转化率以及销量的提升

网红互动大多属于一种娱乐手段，但是和电商结合之后，就要转变成一种生意方式，来解决一些经营、销售方面的问题。

电商平台应用"网红电商"模式的目的无非有两点，一点是为了提升品牌的知名度和美誉度，另一点是为了提升产品销量。当然，前者也是为后者服务的。因此，在"网红电商"模式应用的过程中，最需要考虑的问题就是：如何帮助电商平台增加销量？

从目前的情况来看，"网红电商"的模式为电商平台带来了一些曝光，也就表示，借助于该模式，电商平台的知名度和美誉度有所提升。因此，在利用这一模式的过程中，电商平台要想方设法引起用户对平台、对产品的关注和了解，最终引导其下单购买。

对于处于困境的电商来说，"网红电商"模式是一种新尝试。接下来，电商平台仍要将如何提高转化率，如何提高销量作为重点问题，通过定制内容、增强互动等多种方法予以解决。

网红经济3.0

■ 高成本问题的解决

据统计,通过传统渠道和方法获取新用户的成本近400元,而应用"网红电商"模式获取用户的成本也并不低,甚至会更高。

从目前的情况看,电商的合作对象一般是国内的直播平台,也就表示,电商需要支付一定的费用。但是,目前我国很多直播平台都处于起步阶段,所以这个费用可以免去。

网红费用对于电商平台来说也是一笔很高的开销。并且,网红的人气越高,能为平台带来的流量越高,其费用也就越高。再加之,目前,在国内适合做电商的网红数量本就很少,在各平台的争抢下,价格自然水涨船高。

为了解决网红不易得这个问题,有些平台尝试自己培养网红。从实际情况来看,相较于与网红合作,自己培养网红的花费更高。人们只看到了papi酱的一夜爆红,却忽视了其身后的团队作用。网红不会无缘无故地"红",很多都需要大量资金的支持。

因此,从这个层面来说,各电商平台可以灵活变通一下,不要将网红限制在视频领域,可以从图片、文字等方面做出不同的尝试。

总之,相较于传统广告营销来说,借助于网红互动行为形成新形态的"网红电商"模式在提升转化率方面的效果更好。不管社会对"网红电商"这种模式如何评价,对于电商平台来说,这种方式都为其指明了一条出路。

但是,各电商平台需要注意一点,即不要只将目光放在模式或者营销上,还要做好供应链建设,提升自身的综合实力,以推动电商借助网红得到更好的发展。

网红+跨境电商:引爆跨境电商运营新玩法

在网红经济引爆热点的同时,跨境电商也不甘其后,一再登上热搜榜。跨境电商这个本不新鲜的电商模式为何能一再成为热点话题呢?

其原因之一就在于2016年出台的新税改政策:2016年4月8日,税改新政发布,很多进口商品都无法流入国内,导致跨境电商陷入无货可卖的困境;2016年5月24日,海关总署发布公告,给了跨境电商一年的"缓刑期",给跨境电商行业带来了一线生机。

在跨境电商危在旦夕之时,移动视频直播备受追捧的局面才刚刚打开。由于受到移动视频直播超强的互动性、受众的广泛性、盈利模式的独特性的影响,以及跨境电商需要寻求机会突破困局,"网红+跨境电商"的模式应运而生。

这个模式一出现就吸引了很多目光,也引来了很多资本,比如蘑菇街为了扶持其旗下艺人投入了3亿元资金,而将直播化运营奉为战略的网易全力打造考拉海购。

■ "网红+跨境电商"的两种模式

我们可以将"网红+跨境电商"分为以下两种模式。

单纯地引入网红	• 为了保证品牌形象，这些电商平台经常邀请超级网红为品牌代言。这种类型的典型代表就是聚美优品和网易考拉海购
让网红与粉丝进行互动	• 以波罗蜜为代表，波罗蜜将自营海淘、视频直播和店头价结合起来，海外直接采购、直接邮递，通过网红直播和用户互动，产品只卖当地的店头价。通过这种模式，波罗蜜汇聚了一大波粉丝

无论是哪种模式，它们产生的基础都是一样的，不是UGC就是PGC。其具体应用方法就是借助网红构建丰富的内容，为平台带来额外流量，提升购买转化率。从本质上来讲，网红参与是手段，达成交易、售卖商品才是目的。

总之，"网红+跨境电商"这种模式是成功的，它成功的原因在于不仅给跨境电商平台带来了价值，还给用户带来了价值。从另一个角度来讲，这种模式的成功也说明传统的跨境电商模式存在诸多问题，并且这些问题亟待解决。因此，对于网购平台来说，提升用户体验，寻找新的价值增长点势在必行，而"网红+跨境电商"模式的出现为其提供了一个很好的思路。

■ "网红+跨境电商"的主要优势

从现实情况来看，"网红+跨境电商"为电商的发展带来了生机、注入了活力，这一点是毋庸置疑的。那么，"网红+跨境电商"到底有何优势呢？其优势主要表现在以下三个方面。

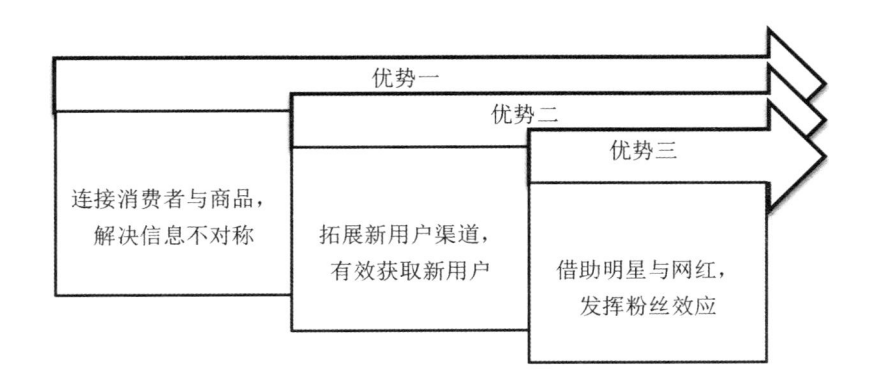

优势一：连接消费者与商品，解决信息不对称
优势二：拓展新用户渠道，有效获取新用户
优势三：借助明星与网红，发挥粉丝效应

优势一：连接消费者与商品，解决信息不对称

消费者为什么会选择跨境电商平台来购买商品呢？一个很重要的原因就是消费者想要获得高品质的消费体验，另一个原因就是要买到正品。

因此，对于消费者来说，如何选择平台，如何选择商品都是亟须解决的问题。相对的，对于跨境电商平台来说，如何将平台服务信息和产品信息传达给消费者也是他们亟须了解的。

而借助于网红电商这种模式，通过网红可以在消费者和商品之间搭建一个直接沟通的桥梁，商品信息和消费者诉求可以直接传递，满足了双方的需求。无论是网红直播还是网红与粉丝互动，都能解决信息不对称的问题。

网红直播可以借助网红扩大商品的知名度，为其带来巨大的额外流量；与粉丝互动可以让消费者了解产品的详细信息，了解产品背后的故事，从而实现购买。

优势二：拓展新用户渠道，有效获取新用户

据相关数据显示，2015年，各跨境电商平台获取新用户的成本超过400元，其采用的也大多是平面广告、网站引流等传统渠道。

一方面，超高的新用户获取成本给跨境电商平台带来了较大的压力；另一方面，各电商平台在渠道争夺方面的战争愈演愈烈，在争夺的过程中一些实力较弱的平台往往会落败。因此，扩展新的用户渠道对于各跨境电商平台来说是第一要务。

其次，从网红本身来看，随着网红经济的火热度持续升高，数以百计的网红刹时间涌现。无论是话题效应还是关注度都非常强大，产生了很多流量。将这些流量转化为潜在用户的可能性很大。

因此，从跨境电商想要获取新用户来说，借助于网红，无论是成本还是转化率都存在诸多优势，为跨境电商平台的发展提供了一个很好的试水机会。

优势三：借助明星与网红，发挥粉丝效应

目前，网红直播被很多电商平台所借鉴，比如聚美优品邀请大牌明星做直播，淘宝和网易考拉海购邀请网红做直播等。从目前的形势看，直播往往会和网红联系在一起。为了顺应这种形势，电商平台往往会和网红签约合作，甚至会投入资本打造平台的专属网红。

目前，跨境电商面临的最大难题就是获取新用户的渠道窄、成本高。而借助于网红直播，网红自带的粉丝效应就会为平台带来巨大的流量，从而为跨境电商平台的发展带来很好的机遇。

社交电商：网红经济时代的社交红利

与"网红"相关的话题，在2015年"双11"这一天席卷整个电商领域，网红店铺背后蕴藏的巨大商业价值，一时之间成为众人关注的焦点话题。

事实上，网红电商的巨大力量不仅仅体现在"双11"期间，分析2015年淘宝平台上不同类型店铺的发展情况可知，在各种促销活动期间，销量居于首位的都是网红店铺。不仅如此，这些店铺的热卖指数远远超过很多著名的服装品牌。

实际上，网红电商并不是2015年才出现的，只是在2015年取得了极大发展，才被人们广泛关注而已。那么，在社交电商迅速发展的今天，传统经营模式下的电商与企业是如何应用网红模式获得自身发展的呢？

■ 什么样的网红，适合社交电商

如今，微信迅猛发展，与微博相比，微信的开放性更低，在这种形势下，传统模式下的社交红利呈下滑趋势，相应的，网红的门槛也不断提高，网红之路变得更加艰辛。

因此，企业经营者只有具备敏锐的观察力，才能从茫茫人海中找到拥有发展前景且能够推动企业发展的网络红人。

那么，什么样的网红，适合社交电商呢？总结起来，企业在挑选社交电商的网红时，需要依照以下四大标准去评判。

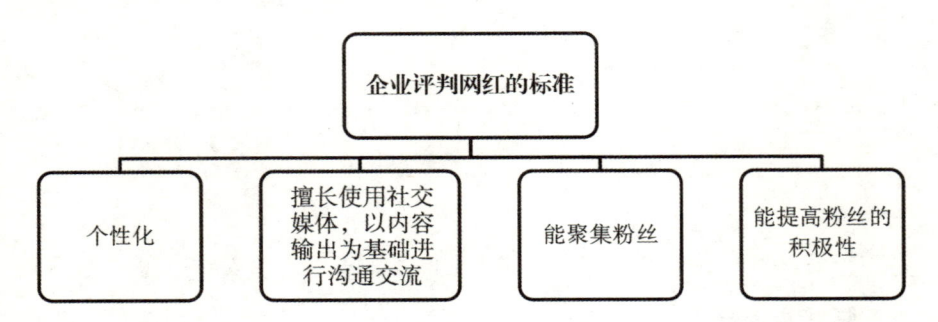

```
                  企业评判网红的标准
         ┌──────────┬──────────┬──────────┐
                擅长使用社交
       个性化    媒体，以内容    能聚集粉丝   能提高粉丝的
                输出为基础进                积极性
                行沟通交流
```

个性化。 相对于外貌来说，个性化更加重要，因为凭借现代的化妆技巧与摄影技术，在镜头前展现一张精致的脸已经不是一件难事儿。从外貌上来说，很多网红只是普通人中的一员。但是，每个网红都必须有自己独特的个性。

擅长使用社交媒体，以内容输出为基础进行沟通交流。 有的网红擅长购物，有的网红擅长化妆，有的网红擅长说段子等等，网红输出的内容在很大程度上取决于他们自身的定位。另外，网红需要擅长与粉丝进行交流，并擅长用文字形式来表达。有些人认为只要有代笔就可以了，其实代笔的作用很小，毕竟与粉丝面对面交流的还是网红。

能聚集粉丝。 并不是说粉丝越多越好，更为关键的是，要使粉丝产生认同感。因此，网红要将更多的注意力放在粉丝评论与其反馈的信息上。如果优质粉丝的数量突破一万，就能达到良好的宣传与推广效果，之后，只要投入资本并借助粉丝进行二次推广，就能进一步提高覆盖面。

能提高粉丝的积极性。 这一点比粉丝的总体规模更为关键，粉丝数量再多，没有活跃度也是白搭。比如，虽然淘宝平台上不乏明星店铺，但很多明星在产品推广方面并不擅长。对于社交电商而言，无法调动粉丝的积极性，就实现不了最终的变现。

此外，经营者需要明白的一点是，即使有了优秀网红的助力，也不能忽视自身的发展与完善。

以服装行业为例，网红虽然能够调动粉丝购买服装产品的积极性，但如果产品基础没有打好，这种出于对网红的认可去消费的行为，就不会重复发生。所以，有很多网红店铺的经营只维持了一段时间便关门大吉了。只有保证产品质量，提高性价比，并在设计、颜色等方面满足消费者的需求，才能提高消费者的认可度，增加"回头客"。否则，店铺很难获得长远发展。

■ 传统电商企业如何对接网红

网红的迅速发展引起了传统电商企业的重视，一些企业尝试通过与网红合作推动自身发展。

例如，一些发展势头良好的网红企业，之前从事的是淘宝店铺的专营，在成功过渡后，他们的盈利能力迅速提高，发展也更加迅猛。其发展模式包括以下两个方面。

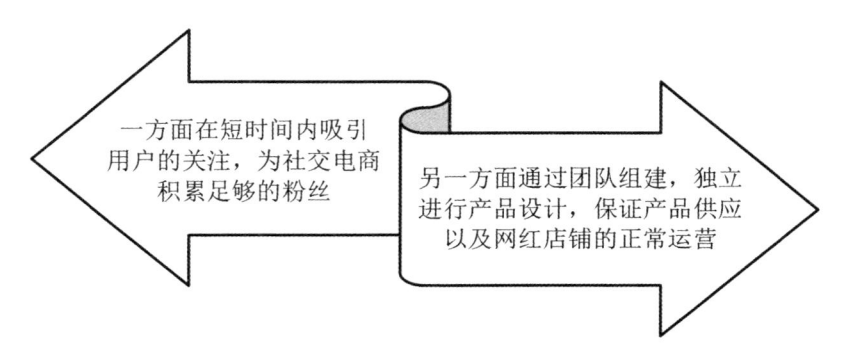

一方面在短时间内吸引用户的关注，为社交电商积累足够的粉丝

另一方面通过团队组建，独立进行产品设计，保证产品供应以及网红店铺的正常运营

当前的网红孵化企业，以产品设计开发与运营保障为主导，这些经营机构之所以能够获得发展，在于它们最先察觉到网红店铺的需求，并

迅速切入，联手抢占有限的市场，获得了时间上的优势。

但究竟谁能成为最后的赢家呢？进入互联网时代后，流量入口由商业发达地区的实体店转移到知名购物网站（如淘宝）的商品搜索，在社交电商迅速发展的今天，下一个流量入口可能会转移到网红身上。

当服装行业逐渐认清当前的流量转移形势时，会有越来越多的服装企业涉足网红经济，并与同行展开激烈的竞争。

■ 网红模式的规模化路径

与传统电商不同的是，社交电商更侧重于将具有共同兴趣爱好或相同生活方式的人聚集到一起。所以，电商运营与网红运营是完全不同的，前者注重信息的渲染，后者则更加注重提高人的影响力。

如果能够一次性打造出数量众多的社交明星，就能进行网红模式的规模化应用，这与经纪公司批量推出偶像明星有相似之处。

在粉丝经济模式的应用上，最为成熟的国家是韩国，其中最具有代表性的就是韩国的造星模式。韩国的娱乐公司，会对一批年轻艺人进行集体培训，从中选出具有发展前景的组成偶像团体，这种经营方式，能够有效降低经营方因某个艺人流失造成的经济损失。

另外，通过让艺人出演影视剧角色，能够增加其对观众的吸引力。

如今，韩国的明星产业已经发展得非常成熟。随着电商的不断发展及网红运营的成熟，网红模式可能也会向规模化方向发展。

社交电商正处于快速上升阶段，网红对用户形成的强大吸引力与调动能力，使其商业价值不断攀升。随着网红曝光率的增加，其标价会随之上升，因而对合作者的要求也会进一步提高。因此，经营者要站在网红的立场上思考问题，在合作过程中实现共赢。

在移动互联网时代，电商的发展越来越离不开社交，经营者需要做的是，把握住先机，利用网红经济模式进行自身的变革与发展。

"直播+网红电商"风已起

世间万物的发展皆有定数，商业发展也不例外。2015年，网红电商突起；2016年上半年，网红直播红极一时；如今，站在风口上的则是"直播+网红电商"，它的出现，似乎让"网红电商"找到了"吸金"的好模式。

虽然"吸金"，但"直播+网红电商"的模式对于大多数人来说，还是显得比较陌生。是否适合自己、存在哪些"坑"、以及如何切入进去，都还是问号。

■ 为什么"直播+网红电商"会火

在传授具体的技巧和方法之前，我们先来分析一下"直播+网红电商"为何会如此火爆，到底它有什么样的优势能让各大电商都投身其中？

其实，从本质上讲，"直播+网红电商"就是传统意义上的电视直销，唯一不同的是，从主持人单向输出变成了网红与观众之间的互动沟通。

相比较传统的电商，网红直播的形式有超越"图片+文字"的更加生动的传播效果。用户在直播平台上看到主播介绍产品或者试用产品，除了传统的打赏功能，屏幕上随手可以点击的优惠券、红包等功能，以及商品的导购链接，实现用户"边看边买""边玩边买"的体验。

对2016年成功运营"直播+网红电商"的案例进行分析，总结出"直播+网红电商"有以下三大优势。

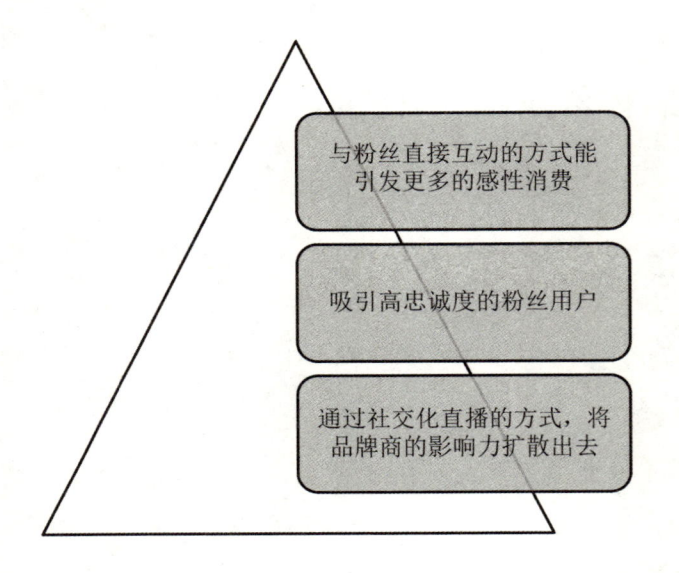

- 与粉丝直接互动的方式能引发更多的感性消费
- 吸引高忠诚度的粉丝用户
- 通过社交化直播的方式，将品牌商的影响力扩散出去

如果仔细查看这三大优势，就会发现网红和直播的到来无疑成为电商平台的一场甘霖。作为电商平台，就看是否能抓住这一机会，利用网红直播从中分得更多羹。

■ 电商如何才能做好"网红直播"

很多电商一定迫不及待地想知道如何用好"网红直播"为自己"吸金"？目前，大多数电商对于网红直播存在着又爱又恨的态度，同时也被"如何做好网红直播"这个问题所深深困扰。

需要明白的是：在"直播+网红电商"的模式中，涉及的是整个生态链的搭建，上到供应链服务，下到店铺运营、粉丝维护，以及网红孵化和养成、网红成长培训体系、直播技术支撑等。如此庞大的生态链，对于像淘宝、京东这样的大电商平台来说，是可以轻松搭建并转玩网红直播的。但对于绝大多数的小卖家或某一品牌来说，想要采用网红直播来为自己"吸金"并不是一件很容易的事。为了更好地搭建网红直播的生态链，小卖家可以考虑借助第三方服务机构的力量来完成网红直播。在这方面有一个非常典型的案例，我们一起来学习一下。

中粮为了让"我买网生鲜健康美味"的理念深入人心，与喜宝动力合作推出了一场美食直播。此次直播喜宝动力邀请从事外事厨师工作30余年的卓有公大厨担任直播主嘉宾，另外，还邀请了网红刘依倩和明星冯璧晴开展直播活动。在直播过过程中，厨师操作烹饪，网红试吃，将食材展示给观众，引发观众对食材品质的认同感。

本次直播主推的我买网商品订单和成交金额分别提升了75.0%和62.9%；访客转化率1.88%，提升了33.1%。而且，本次直播还拉动了我买网整体业绩，全店订单和成交金额分别提升了58%和76%。

通过中粮进行网红直播的案例，我们可以看到，中粮作为一个中小商家，就其本身来说，是没有能力搭建网红直播的完整生态链的。而中粮选择了与喜宝动力合作，借用喜宝动力之"手"为自己搭建了网红直播，实现了营销目的。中粮的这一做法值得每一位电商学习借鉴。

到此为止，关于如何做好电商直播的方法你已经知道了，但是你知道以上内容中最重要的是什么吗？答案是——立即行动起来，实际地去运用。做好电商直播并不难，就是首先要与观众建立情感连接，彼此越信任越好！

第7章　网红推广：抢占移动互联网入口，引爆流量，留住粉丝

网红推广有一种简单又快速的推广方式，即把企业领袖打造成网红。除此之外，还有四种非常有效推广方式，包括粉丝推广、内容推广、直播推广和新媒体推广。本章紧扣网红推广，从"落地"的角度，系统地总结了网红推广的方式、技巧、策略，为网红个人、企业和商家提供绝佳的指导和实战策略。

简便又快速的推广方式——把企业领袖打造成网红

网红的影响力如今已被公认,致使很多企业都在想方设法在营销推广的层面借助网红的力量。其中有一条既简便又快速的方法,那就是发挥企业领袖的个人魅力,把企业领袖打造成网红。

这听起来似乎很难懂,我们举例说明一下吧。

自从聚美优品的CEO陈欧为公司拍摄了"我为自己代言"的系列广告大获成功后,很多企业家也开始相继从幕后走到台前,担任起自家企业品牌的形象代言人。

格力电器董事长兼总裁董明珠可以说是当今国内知名度最高的女企业家。她具有标准的"企业家网红"范儿,不仅亲自在央视上为自家产品代言打广告,还开设自媒体平台,在格力手机产品的开机画面中出现……凭借着超高的曝光率以及犀利的话锋、鲜明的个性,董明珠不管在哪里出现,都能引发话题和关注。

董明珠最吸引关注的话题事件就是2013年年底她与小米公司董事长雷军公开对赌10亿元的事情。回顾那次事件,那是在央视2013年度经济人物的颁奖晚会上,代表制造业的董明珠与代表互联网行业的雷军争论两种模式的高下,双方各执一词。结果性格耿直的董明珠以10亿元下注豪赌格力五年内不会被小米超越。这一事件在粉丝们的竞相传播下吸足了眼球,成为当时最热门的话题之一。

在经过了一系列热门事件后,董明珠无疑成为最知名的"企业家网红"。她曾在接受采访时表示："如果我是网红，更多是因为格力成为网红。"

从上面的案例我们可以看到，董明珠成功地将自己打造成了"网红"。而"网红"这一角色已经成为当下这个时代最具潜力的风口和最重要的影响力传播者，通过网红强大的个人号召力与传播作用，无疑能够帮助企业实现品牌产品的推广传播，从而得到直接的变现。

企业领袖通过新兴的自媒体平台为企业扩大影响，其输出的内容可能包含宣扬企业文化、推荐企业产品、分享个人经验等。

作为企业的形象代言人，企业领袖向网民输出的内容即使广告色彩强烈，也不会引起粉丝的抵触，谁让人家本身就是企业的"大BOSS"呢！从这一点来看，企业家的身份反而有助于企业家网红施展推广技能。

那么，企业领袖如何把自己打造成"超级网红"，并借着这一身份进行推广呢？这里有两个行之有效的方法可以参考使用。

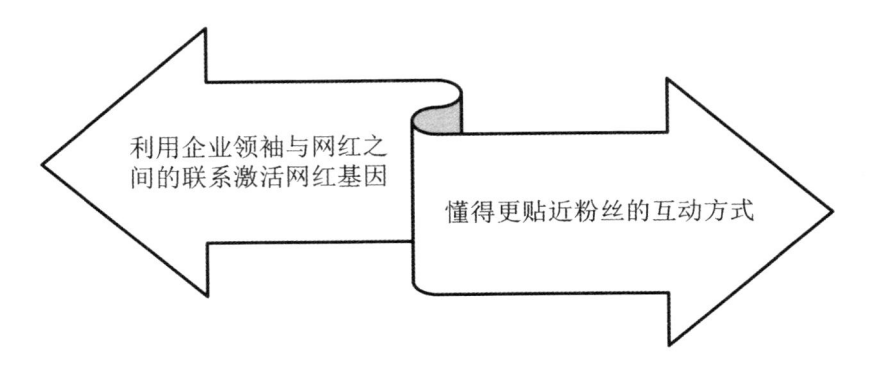

利用企业领袖与网红之间的联系激活网红基因 ⇔ 懂得更贴近粉丝的互动方式

■ 利用企业领袖与网红之间的联系激活网红基因

对于那些早已知名的成功企业家而言，想要成为网红是非常简单的事，他们大多只需要改变一下与大众沟通的方式即可。

比如上面案例里的董明珠，微信公众号一开通便马上吸引了粉丝的眼球；再比如小米公司的董事长雷军，一场直播下来也马上被冠以了"网红"的名号。

那些知名的企业领袖与网红身份之间其实存在着某种隐性的联系，一旦这种联系被激活，企业家网红就会迅速诞生。

■ 懂得更贴近粉丝的互动方式

从传统思维的视角来看，企业家往往给人以严肃、深沉的形象，这种形象与网红草根、亲民、能说会演的活泼形象相去甚远。

因此当企业领袖摇身一变成为"网红"，网民将会以互联网特有的娱乐视角和娱乐心态来看待他，此时能否"入戏"，能否通过"表演"征服粉丝观众，让自己成为"超级网红"，就要看企业领袖自己的本事了。

随着互联网、移动互联网给人们带来的思维颠覆，很多行为习惯已经改变，网络衍生出了新的人际关系交往方式，甚至对交往的语言和行为也进行了彻底的颠覆。

这就使企业领袖们通过网络社交行为"聚粉"的时候，必须对固有的社交行为进行包装与改变，尤其是在运用网络社交媒体与自媒体的时候，更贴近粉丝接受方式的互动才是最有效的互动，才是最具有网红基因的粉丝聚合方式。

为此，企业领袖必须做到以下四点。

```
┌─────────────────┐      ┌─────────────────┐
│ 了解粉丝群体的  │      │ 袒露自己的心声, │
│ 互动特征与表达  │      │ 爱秀会秀才会赢  │
│ 方式            │      │                 │
└─────────────────┘      └─────────────────┘

┌─────────────────┐      ┌─────────────────┐
│ 熟悉网络最新最  │      │ 熟悉运用各种新  │
│ 热门的用语词汇  │      │ 媒体社交平台    │
└─────────────────┘      └─────────────────┘
```

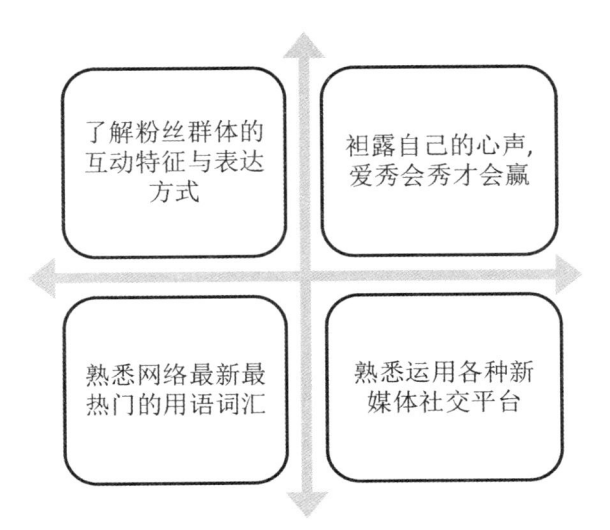

了解粉丝群体的互动特征与表达方式。互联网社交里的互动不是单一的一方诉说另一方聆听,而是双向交流的过程。因此企业领袖在发表自己观点的同时也必须聆听粉丝的声音。由于双方在现实生活中的境界、环境、能力等方面的差异,会导致企业领袖对粉丝发声的理解可能产生偏差,导致互动被破坏。

为了避免这一点,企业领袖要了解粉丝群体互动的特征与表达的方式,保证双方的互动在同一频率下进行。

袒露自己的心声,爱秀会秀才会赢。大多数企业领袖可能并不习惯在公众平台袒露心声,这在成为超级网红的道路上是最大的阻碍。想要获得粉丝从心里的支持,企业领袖首先必须袒露自己的心声。

另外,在网络社交舞台上,爱秀会秀才会赢,才能引来关注,过于矜持、过于严肃,都不利于企业领袖达成网络社交的目的。

熟悉网络最新最热门的用语词汇。网络用语是网络社交互动里常用的语言,企业领袖在互动时运用这样的词汇,一方面能够表现出自己接地气的一面，另一方面也容易与粉丝拉近距离。

熟悉运用各种新媒体社交平台。不同类别的新媒体社交平台的互动特征并不相同，微博、微信、视频直播等热门的社交平台都具有自身的特征，在内容呈现方式与行为表现方式上也各有不同，企业领袖只有对这些特征都做到心中有数，才能够熟练运用这些平台为自己服务，为企业服务。

今天的互联网给了所有人一个表现的机会，任何人只要拥有足以吸引眼球的特质，而且敢于表现自己，那么就拥有了成为网红的基因。企业领袖只不过比普通人多了一些成为网红的机会而已。之所以把企业领袖与网红联系在一起，是由于在这个网红经济时代，网红的出现赋予了企业新的机会。

实际上，网红的本质是个人利用互联网制造影响力，形成网民的围观效应，最后通过这种影响力来实现流量变现。企业传统的变现方式中，企业家影响力的因素微乎其微，而网红的出现把这种因素加以放大，无疑为企业增加了一条重要的营销渠道。

最早发现这一推广渠道，并且身体力行的是互联网公司的创始人们，比如小米的雷军、京东的刘强东、聚美优品的陈欧等。由于互联网经济只有第一没有第二的严酷生存法则，使他们必须调动一切资源去推动公司发展，所以企业领袖的身份也被利用了起来。

从这些成功的企业领袖网红身上，我们可以得到这样的启示：由于企业领袖的角色相比普通员工对用户来说更有分量，因此在公众与粉丝面前企业领袖应释放出正能量，通过个人魅力对企业品牌与产品施加正面的影响。

同时，企业还要高度重视利用社交网络、新媒体进行宣传，发挥互联网社交最大的优势与能量，向用户推送高质量的内容。

不得不说，企业领袖本身具有超强的网红基因，同时也具备普通网红所不能比拟的专业素质、学历水平。这些"高素质网红"的出现成为网红经济中别有趣味的一片景致。

引导粉丝变现的推广渠道——新媒体推广

近年来，新媒体的发展势头迅猛。从微博到微信，从视频网站到直播平台，从PC端到移动端，新媒体已经形成了社会化、移动化、平台化的发展趋势。

网红与新媒体结缘后对自身价值的展现起到了巨大的推动作用，新媒体的优势被网红演绎到了极致。对新媒体的特征进行梳理就会发现，网红最为依赖的是其中的社交属性。新媒体在社交功能上的优势是其被植入网红经济的关键因素。

新媒体平台的出现使网红可以更好地运用这种关系资源，进行推广，最终实现流量变现，彰显自身价值。要知道在社交媒体中的推广是一种可以数据化的资源，这种属性给网红进行推广提供了一条有效的路径。

网红们实现新媒体推广一般会经历以下两个阶段。

网红经济 3.0

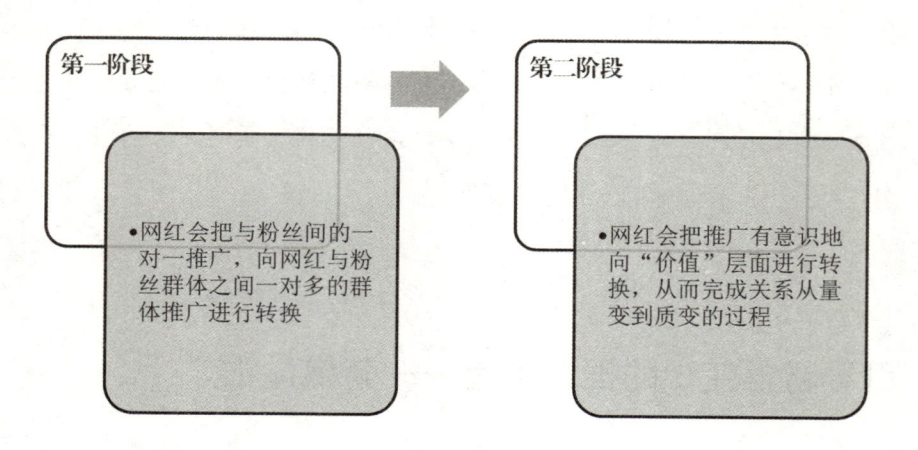

第一阶段
- 网红会把与粉丝间的一对一推广，向网红与粉丝群体之间一对多的群体推广进行转换

第二阶段
- 网红会把推广有意识地向"价值"层面进行转换，从而完成关系从量变到质变的过程

从个体推广到价值推广的形成，其实是网红通过社交平台将粉丝的社会属性向经济属性转换的过程。这就是网红经济中所谓的"粉丝变现"。那么我们不禁要问，为什么新媒体的社交属性具有如此强大的力量呢？

这是因为在这些新媒体的平台里拥有一个推广转换的机制，这一机制的推广流程表现为以下三种形式。

新媒体平台通过优质的产品和良好的服务来聚拢人气，实现关系的聚合	新媒体平台通过栏目层级的分类在关系的深度与宽度中建立不同兴趣的关系聚类，实现关系的过滤	新媒体平台通过有效的关系过滤发掘出用户潜在的价值

这些新媒体不仅是一个内容集成平台、信息发布平台，更重要的是它承担着综合服务属性。在网红经济里，它是一个介于粉丝与网红之间的媒介，通过平台上的资源聚合和关系转换为网红经济提供服务。

那么，新媒体又是如何创造推广价值的呢？

新媒体通过不断地推出新产品，提高用户体验和用户黏性，从而形成用户响应度更高的平台生态圈来实现其商业价值。比如微信，经过短短几年的发展，用户不仅可读、可看、可听、可交流，还可玩、可用（购物与支付），可以说其已形成了聚合更多社会资源、响应用户更多需求的平台生态圈。

在网红经济中，被网红广泛应用的新媒体推广平台主要包括以下几种。

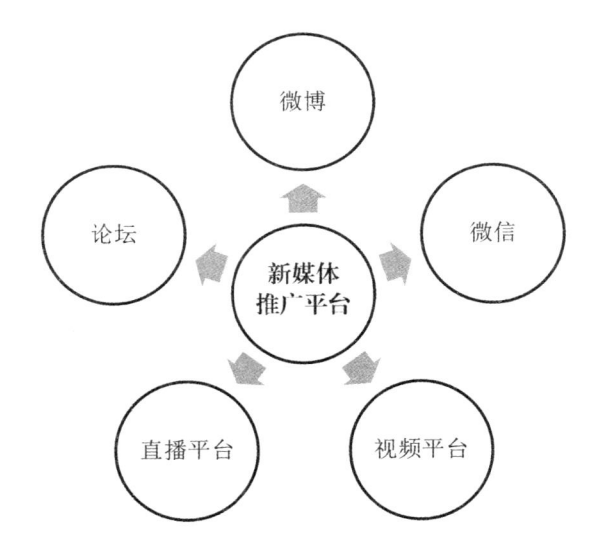

```
         微博
  论坛         微信
     新媒体
     推广平台
  直播平台   视频平台
```

下面我们就来逐一分析这些平台在网红推广中起到的关键作用和推广技巧。

■ 使用最广的推广渠道——微博

在百度百科中，关于微博的定义是这样的：微博，即微型博客的简称，也是博客的一种，是一种通过关注机制分享简短实时信息的广播式的社交网络平台。

微博是一个基于用户关系信息分享、传播以及获取的平台。用户可以通过各种客户端组建个人社区，以140字（包括标点符号）的文字更新信息，并实现即时分享。

微博作为一种分享和交流平台，其更注重时效性和随意性，更能表达出每时每刻的思想和最新动态。

信息社交、双向关注、明星主导、无限开放，正是具备了这些特性，使微博成为网红推广的最大平台。

那么，网红个人和企业如何进行微博推广呢？我们总结出以下网红输出微博内容进行推广的三大技巧，可供参考使用。

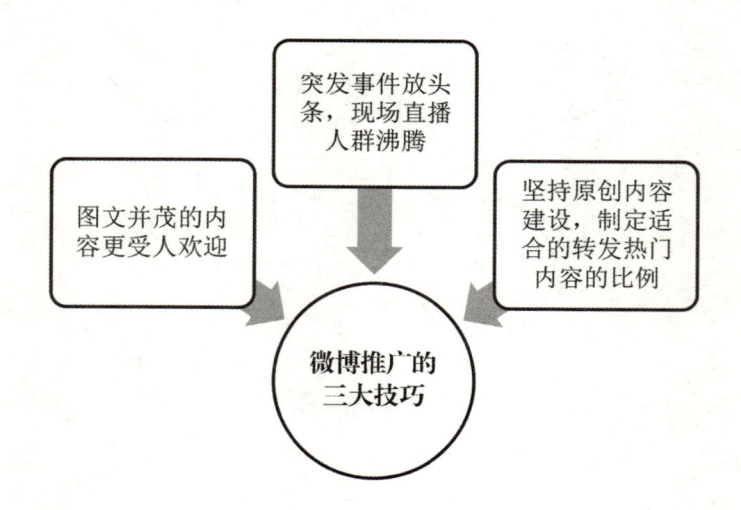

```
        突发事件放头
        条，现场直播
        人群沸腾
                          坚持原创内容
图文并茂的内                建设，制定适
容更受人欢迎                合的转发热门
                          内容的比例
            微博推广的
             三大技巧
```

■ 绝佳的推广工具——微信

微信是腾讯公司于2011年推出的一款为智能终端提供即时通信服务的免费应用程序，它支持语音短信、视频、图片和文字等功能，同时，也可以使用共享流媒体内容和基于位置的社交插件"摇一摇""漂流

瓶""朋友圈""公众平台""语音记事本"等服务插件。

与微博不同，微信的好友基于"认识的人"，因此绑定程度更加强大。有鉴于此，微信的推广属性更强，网红也正是利用这一点使微信成为一种绝佳的推广工具。在这里，有一个十分典型的例子。

"石榴婆报告"是一个专注于介绍欧美明星动态、娱乐八卦、街拍搭配、时尚趋势的微信账号。该公众号主要定位欧美时尚和娱乐圈，搜集明星好看的服饰、好玩的娱乐轶闻。这个创建于2013年的微信公众号，如今已经成为拥有超10万真实粉丝活跃度的大号。

成为网红后，"石榴婆报告"微信公众号的营销价值开始展露。有数据显示，"石榴婆报告"微信公众号的广告单价在5万元左右，其广告年收入超过500万元。业界认为此价格在合理范围内，因为广告投资基本按粉丝单价进行估值，原创公众大号网红的粉丝估值单价大致在30～80元/个。

除了获得广告收益外，网红还利用微信直接进行产品推广，甚至直接通过微电商进行产品销售。微信这一集合型平台的推广价值被网红放大到了极致。

那么，网红如何利用微信进行推广呢？

以销售服装的微商为例，可以想想服装能带给粉丝的好处是什么？当然是能带给粉丝好的身材与气质。因此微商可以经常向粉丝推送一些衣服搭配技巧，然后适当地融入自己的信息，只要内容吸引人，就会有一定的推广效果。

■ 最高效的推广方式——视频平台

近年来视频平台的大量出现为网红增加了推广的渠道，甚至成为网红锻造的试炼场，许多网红从这里走出，大有取代微博的趋势。

这是因为视频作为一种信息载体，可以承载语言、文字、图像、声音、动作演示等几乎所有的信息表现形式，而且影像的传播相比文字与图片更加直接、即时，在粉丝心中形成的形象更加具体化。

视频推广的另一个优势在于能够提供更加丰富的场景与创意，引爆眼球的作用格外明显。一个精心制作的短视频，可以涵盖所有用户想要关注的信息要素。由此，只需要一分钟，这也是用户精神最集中、社交识别最高效的时间段，用户即可完成要不要成为他/她的粉丝的关键社交判断。所以说，视频无疑是社交网络里最高效的推广方式。

那么，网红应该如何利用视频平台进行推广呢？下面向大家介绍三个行之效的方法。

- 灵活运用视频平台的声音特效、变声、修饰、背景音乐等功能
- 在视频里植入你要推广的产品
- 利用视频平台制作精彩的视频

■ 效果最好的推广方式——论坛

论坛推广就是网红利用论坛这种网络交流平台，通过文字、图片、视频等方式发布产品内容的信息，从而让更多的潜在客户知道相关的信息和产品，最终达到宣传品牌、推广产品的作用。

目前，我国论坛前五名如下图所示。

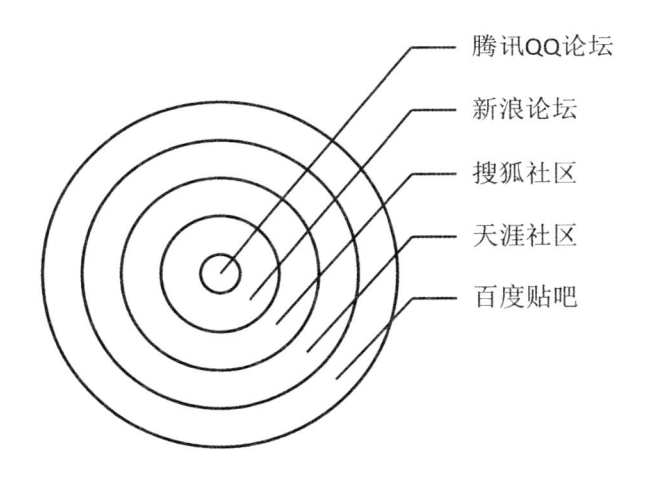

- 腾讯QQ论坛
- 新浪论坛
- 搜狐社区
- 天涯社区
- 百度贴吧

网红推广的方法有很多种，其中论坛推广资历最老，效果也是极佳的。诚然，论坛推广是伴随着互联网成长起来的最早的线上推广方式之一，以易上手、实用性强的特点一直沿用至今，但由于论坛推广比较耗费精力，而且需要一定的软文功底，这让不少网红头痛不已。

那么，如何利用论坛发贴做网红推广呢？下面向大家传授论坛发贴推广的实践操作。

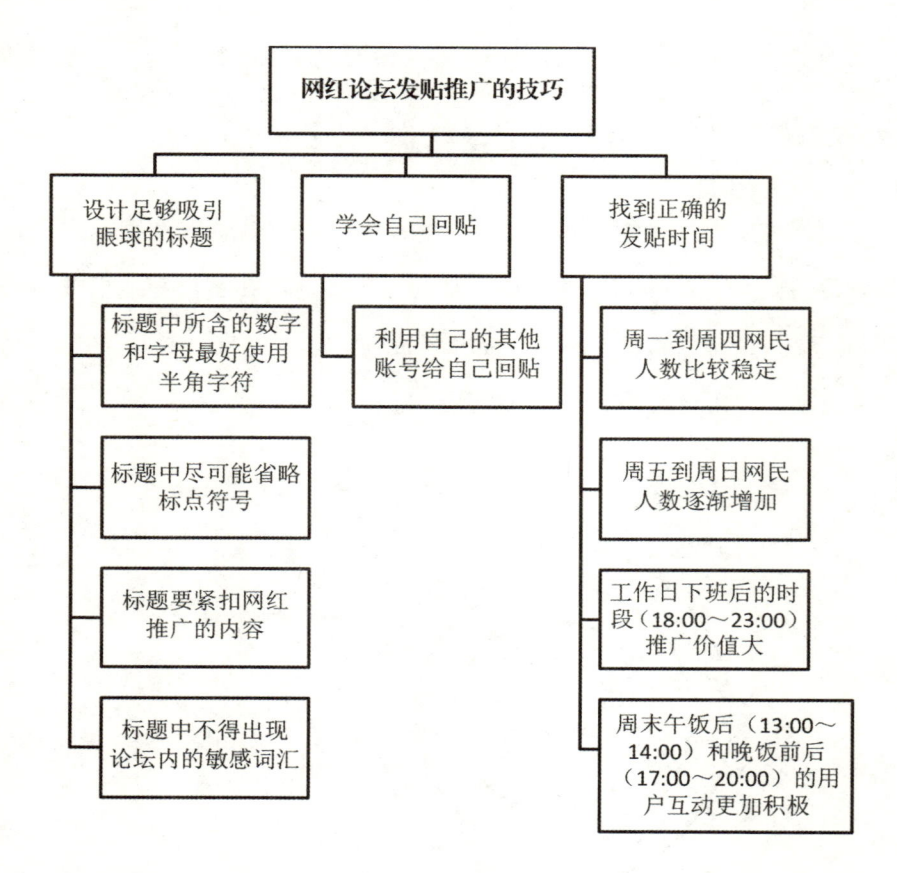

```
                    ┌─────────────────────┐
                    │ 网红论坛发贴推广的技巧 │
                    └──────────┬──────────┘
          ┌────────────────────┼────────────────────┐
    ┌───────────┐         ┌───────────┐       ┌───────────┐
    │设计足够吸引│         │学会自己回贴│       │找到正确的 │
    │ 眼球的标题 │         │           │       │ 发贴时间  │
    └─────┬─────┘         └─────┬─────┘       └─────┬─────┘
```

网红论坛发贴推广的技巧：

设计足够吸引眼球的标题
- 标题中所含的数字和字母最好使用半角字符
- 标题中尽可能省略标点符号
- 标题要紧扣网红推广的内容
- 标题中不得出现论坛内的敏感词汇

学会自己回贴
- 利用自己的其他账号给自己回贴

找到正确的发贴时间
- 周一到周四网民人数比较稳定
- 周五到周日网民人数逐渐增加
- 工作日下班后的时段（18:00～23:00）推广价值大
- 周末午饭后（13:00～14:00）和晚饭前后（17:00～20:00）的用户互动更加积极

通过阅读以上的内容，我们已经知道如何利用新媒体做网红推广，那么，赶快运用上面的技巧来进行实践吧。

网红经济的核心推广方式——粉丝推广

在网红经济圈里，粉丝变现是所有营销模式的核心目标。而要实现粉丝变现，首先要做的就是粉丝推广。

如今，网红个人和网红企业为扩大知名度可谓费尽心思，媒体上投放广告、公众号进行宣传，微博、微信轮番轰炸等，这些传统的推广手段，不仅成本巨大，还鲜有收效。

网红经济的推广者，更相信一句话："十个人知道不如一个人喜欢。"那个喜欢你产品的人，就是你的粉丝，他愿意告诉身边的人："这款产品我用过，真的不错。"这种粉丝推广的广告成本几乎为零，而且粉丝会慢慢将身边的人都发展成为你的粉丝，粉丝推广体系就这样建立起来了。

关于"粉丝的推广力量"，有人针对粉丝数和推广影响效果做了研究调查，得出以下结论：

粉丝数	影响效果
100个	相当于一本校园刊物
1000个	相当于一个公告栏
10000个	相当于一本时尚杂志
10万个	相当于都市生活报
100万个	相当于全国性的报纸
1000万个	相当于知名电视台

透过上表这些数字，我们可以清晰地看到粉丝的推广力量。

■ 粉丝推广需把握的三个原则

那么，网红应该如何进行粉丝推广呢？网红在进行推广时，必须把握以下三个原则。

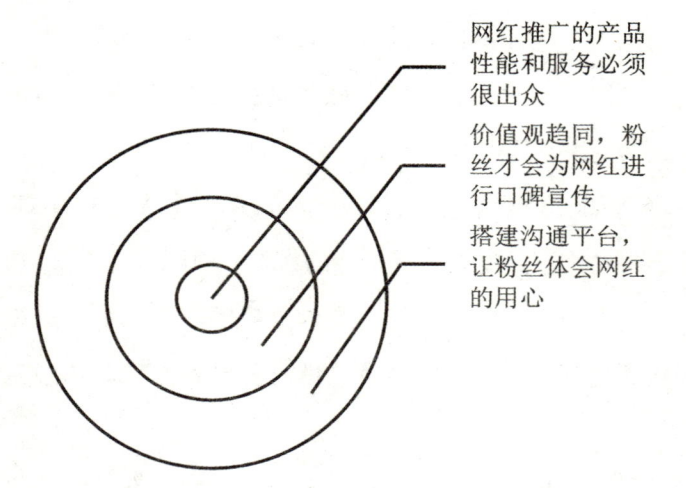

- 网红推广的产品性能和服务必须很出众
- 价值观趋同，粉丝才会为网红进行口碑宣传
- 搭建沟通平台，让粉丝体会网红的用心

网红推广的产品性能和服务必须很出众。想要积累更多粉丝，网红推广的产品性能和服务必须很出众，不然一切都是空谈。超级网红罗振宇能够玩转粉丝推广，主要是他的节目有足够的吸引力；网红企业小米能拥有大量"米粉"，是因为其手机性能过硬……

虽说粉丝会成为免费推广的渠道，但网红要先令这些人喜欢自己的产品。粉丝不会虚假推广，如果他跟其他人说："这个产品我用过，非常不错。"那这款产品一定是真的不错。

价值观趋同，粉丝才会为网红进行口碑宣传。除了产品和服务，网红和粉丝还要保持相同的价值观，粉丝推广就是基于这个现实建立起来的。这听起来似乎很难懂，我们举例说明一下吧。

网红吴大伟是一家淘宝店主，这个年轻帅气的小伙子，给人一种春风拂面的感觉，加上拥有超棒身材、会烹饪、与员工打成一片，让人觉得没有距离感，还经常在网上放出和小他18岁妹妹的日常生活场景，引起无数女粉丝关注。

而这个做足粉丝推广的吴大伟，在产品方面也是精益求精，选料、生产、包装、客服、销售、售后服务等，处处体现为粉丝着想。

很显然，吴大伟走的是"暖男"路线，深得女性粉丝欢迎。正因为广大女性消费者对暖男"情有独钟"，使得吴大伟迅速成为受众群体的偶像。有了相同的道德观和审美取向，才会有越来越多粉丝走进吴大伟的店铺中。

搭建沟通平台，让粉丝体会网红的用心。网红不能忽视与粉丝之间的沟通，主要源于以下三大原因。

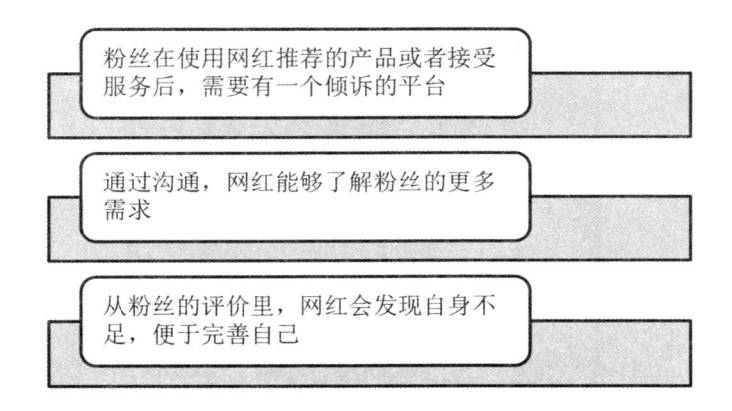

> 粉丝在使用网红推荐的产品或者接受服务后，需要有一个倾诉的平台

> 通过沟通，网红能够了解粉丝的更多需求

> 从粉丝的评价里，网红会发现自身不足，便于完善自己

不少网红很纳闷：为什么知道我的人很多，但真正喜欢我的人却很少呢？

这在很大程度上是因为网红与粉丝沟通不够，只要有人关注你，就应当主动去和他们聊天，不一定要推销产品，但要挖掘出对方的需求，这时候再去介绍产品，粉丝会觉得你是用心的。

■ 如何利用粉丝进行口碑推广

网红经济的商业竞争，将粉丝的体验感受列为最关键的要素，粉丝心甘情愿为网红做免费推广，并且这种推广是最有说服力的，不仅凸显出网红价值和产品信息，更有助于营造产品在用户之间的品牌效应。

与传统推广方式相比，利用粉丝进行口碑推广，费用更低，目标针对性更强，几乎每一次宣传都是精准定位。

那么，在网红推广中，如何让粉丝帮网红实现口碑推广呢？这里有四个行之有效的方法。

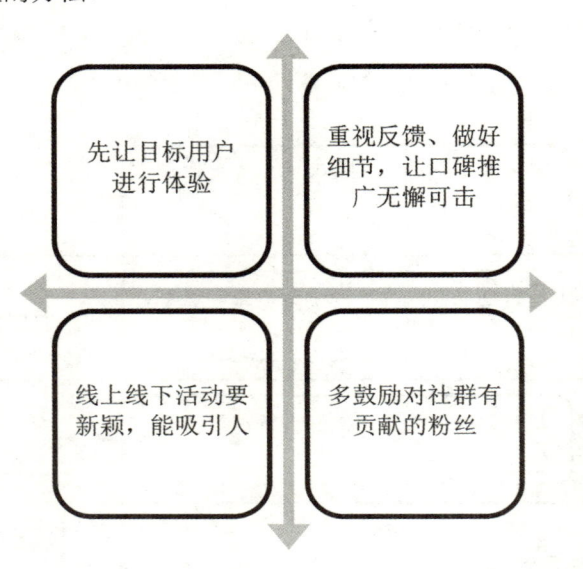

```
┌─────────────┐    ┌─────────────┐
│  先让目标用户 │    │ 重视反馈、做好│
│   进行体验   │    │ 细节，让口碑推│
│             │    │  广无懈可击  │
└─────────────┘    └─────────────┘

┌─────────────┐    ┌─────────────┐
│ 线上线下活动要│    │ 多鼓励对社群有│
│  新颖，能吸引人│    │  贡献的粉丝  │
└─────────────┘    └─────────────┘
```

先让目标用户进行体验。 网红在推广产品初期，想要积累粉丝就必须先找到目标用户，再让他们参与体验互动，只有亲身经历和使用过的用户才会对产品做出真实评价。

与传统投放广告方式相比，网红花在用户体验上的费用相对较低，这些参与过体验的人，很有可能会购买，再传播给他们身边的人，这种推广几乎没有成本。

重视反馈、做好细节，让口碑推广无懈可击。 想要让粉丝帮网红推广产品和服务，就一定要做到令他们满意，不妨专门开设一个平台，让粉丝写上体验评价，这些是网红改进产品和服务最有用的参考。同时要注重工作中的每个细节，口碑推广才能真正起作用。

只有重视粉丝反馈和打理好细节，粉丝才能感觉到网红所倾注的心思，才会喜欢网红推广的产品。

线上线下活动要新颖，能吸引人。网红应多组织主题新颖的线上线下活动，让粉丝带着他们的朋友一起参加。活动是拉近人与人之间距离的最直接方式，只要活动设计得足够吸引人，就能起到不错的推广效果。

除了重大节日和新品发布，网红能够组织活动的机会还有很多。例如，组织一场活动，作为对粉丝们的答谢，会上安排一些新奇好玩的游戏，通过游戏将返利送到粉丝手中，就是不错的选择。

多鼓励对社群有贡献的粉丝。虽说粉丝愿意免费为网红进行推广，但若能以奖励等方式鼓励他们的这种行为，相信会有更多粉丝加入到其中。

鼓励的方式有很多，例如，给现金或者优惠券等返利，新品优先体验权等，不一定是物质方面的奖励，对粉丝精神方面的鼓励也有效。

所谓粉丝推广，就是要让粉丝真正喜欢上网红推荐的产品或服务，网红所有的活动和推广策略应当围绕这个中心展开，粉丝越靠近网红的核心，对网红就越忠心，他们就会为网红带来更多商机。

网红推广成功的根本——内容推广

无论网红采用哪种方式推广，用户消费的核心其实还是网红推送的内容。所以，内容推广是网红进行推广的根本。

要知道内容会聚合一批志同道合的人。网红要想推广成功，并形成自己的商业模式，必须具备内容创造能力。综观如今出名的网红，无论是深入剖析两性情感内容的《彬彬有礼》，还是通过辩论展现个人风格的《奇葩说》，总结起来都是通过高质量的内容运作来吸引用户。

进入2016年后，网红经济3.0开始从形式向内容过渡，可以预见今后的网红将更加专业化、职业化，而那些可以为用户提供内容价值、有原创力的网红将会脱颖而出。因此，优质内容是网红推广成功的关键。同时持续的内容创新能力、鲜明的形象定位也是网红们吸引用户、提高黏合度、巩固粉丝群体的核心因素。

说到这里，有人肯定会问：既然内容是网红推广的关键，那么，如何做好内容推广呢？别着急，这正是接下来要告诉你的方法。

■ 进行内容推广的三个准备工作

既然内容对于网红推广来说如此重要，那么输出什么样的内容既能吸引粉丝眼球，又能带给粉丝价值观的认同呢？

首先，你需要做一些准备工作，它们包括以下三个内容。

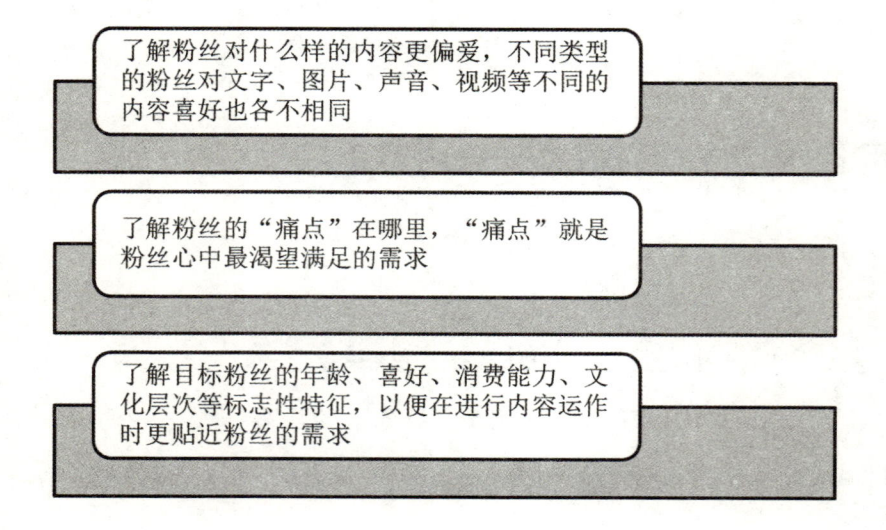

- 了解粉丝对什么样的内容更偏爱，不同类型的粉丝对文字、图片、声音、视频等不同的内容喜好也各不相同
- 了解粉丝的"痛点"在哪里，"痛点"就是粉丝心中最渴望满足的需求
- 了解目标粉丝的年龄、喜好、消费能力、文化层次等标志性特征，以便在进行内容运作时更贴近粉丝的需求

■ 进行内容策划的六大原则

一旦做好了上述准备工作，那么在策划运作内容时就能够做到有的放矢，策划内容的大方向便不会产生偏差。接下来便是对内容的运作，你要本着以下几个原则策划内容。

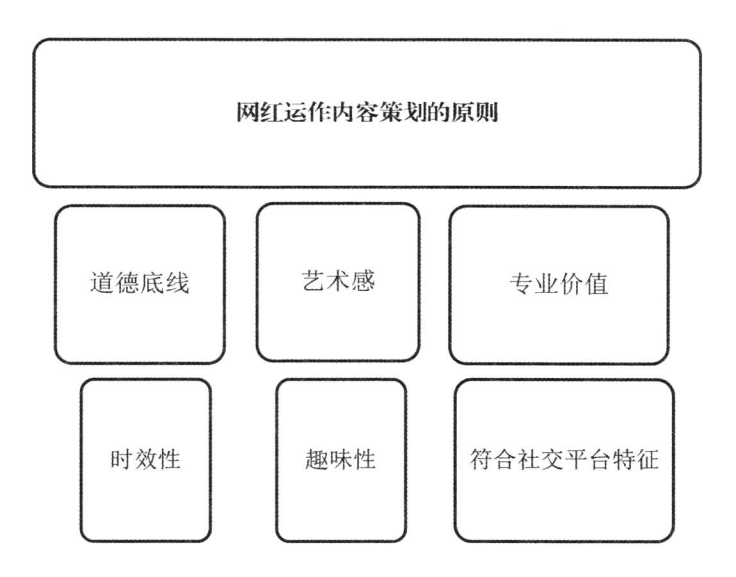

```
            网红运作内容策划的原则

   道德底线        艺术感         专业价值

    时效性         趣味性      符合社交平台特征
```

为了更好地进行内容策划，成为一个出名的网红，我们接下来对上面列出的几个策划原则一一进行讲解。

内容要有道德底线。 如今，有一些网红在进行内容运作时，为了引爆眼球，内容质量过于低俗。这类网红即便短时间内能够出名，但这种跨越社会道德底线的行为最终肯定不会被社会所容。

内容要有艺术感。 如果能够把生活中发掘的普通内容，经过提炼使其脱胎换骨，那么内容运作的效果是很明显的。比如南笙因在豆瓣网上传的一系列复古写真而成为出名网红,被称为"新一代国民女神"。同样是照片,增加了艺术感后,运作效果就不一样了。

内容要有专业价值。网红作为粉丝群体的代表,传播的内容要具有价值,这对网红树立口碑、进行商业拓展都具有积极作用。

内容要符合社交平台特征。在进行内容运作时还要考虑各个社交平台的特点。比如,微博只适合篇幅比较小的内容呈现,而在微信里则可以适当增加内容长度。

内容要有趣味性。过于严肃刻板的内容会让粉丝排斥,而趣味的表现方式更容易受到关注。如萌宠大头狗狗BOO就是一个很好例子。

内容要具有时效性。随着移动互联网时代的发展,庞大的信息量每天都轰炸着粉丝的大脑,因此在进行内容运作时要考虑时效性,过于陈旧的话题就不要再说了。

除此之外,在新技术、新模式层出不穷的今天,还需要随时去关注移动互联网的动态,以保证自己始终跟上移动互联网发展的步伐。

■ 如何让内容与众不同

移动互联网上包含的信息量如此巨大,以至于即使质量不错的内容想要脱颖而出也十分困难,因此在保证内容策划原则的前提下,如何让内容与众不同就显得十分重要。想要做到这一点,首先要不断提升自身的内容创造力。

要想提升自身的内容创造力,可以这么做:

第7章 网红推广：抢占移动互联网入口，引爆流量，留住粉丝

| 从信息库中获取灵感 | 积累更多经验，在某一领域里的工作经验对创新会有很大帮助 | 许多网红成功者的例子已经树立了榜样，去看看他们是如何运作的，或许会有所启发 | 与团队成员密切合作，俗话说的"三个臭皮匠，顶个诸葛亮"就是这个道理 |

与众不同是移动互联网时代生存的最大本钱。细数那些成功的网红，他们依靠所运作的内容打造出了鲜明的个人特色，由于这些带有鲜明个人烙印的内容具有不可复制性，因此其内容的识别度很高，这也为网红出名创造了条件。

综上所述，内容是网红推广必备的技能之一，为此必须要敏锐地学习、适时地变化、不断地积累经验。万事开头难，一旦有了成功的体验，那么接下来就会容易多了。

实现点对点的超精准推广方式——直播推广

作为2016年发展起来的新兴经济形态，直播经济必然伴随着一个高度符合消费逻辑的营销模式。而要实现直播营销，首先要开展直播推广。网红，由于其强大的粉丝群可以让网红个人和企业、商家实现点对

点的超精准推广。

那么,网红个人和企业、商家应该如何利用直播来为自己推广呢?网红做直播推广的操作步骤及方法如下所示。

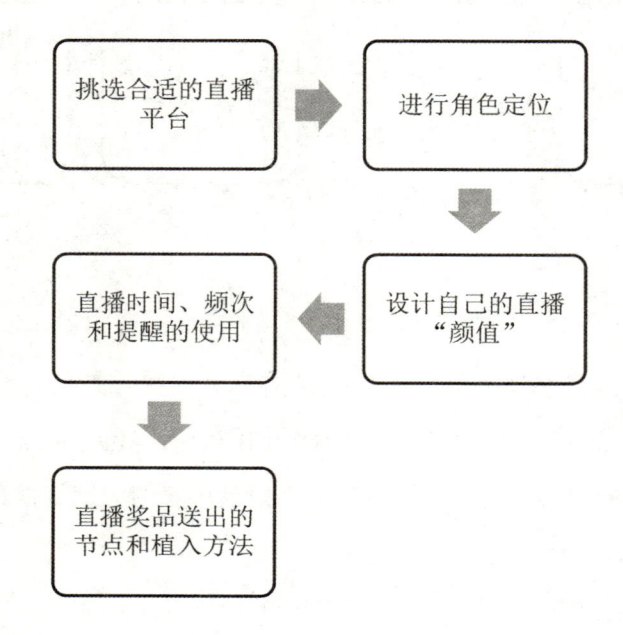

```
挑选合适的直播平台 → 进行角色定位
                        ↓
直播时间、频次和提醒的使用 ← 设计自己的直播"颜值"
    ↓
直播奖品送出的节点和植入方法
```

■ 挑选合适的直播平台

现如今涌现出很多直播平台,让人眼花缭乱。大多数情况下,很多网红个人和企业在首次挑选直播平台时,会百度一下,按照火热程度来选择。这种办法固然有效,但却没什么实质性的作用。

在这里,根据网红对平台的营销需要,总结出2016年最火的四个平台的特点和观众人群,供网红个人和企业参考,以挑选最适合的直播平台。

直播平台	平台背景	吸引粉丝的特点	观众人群	平台优点
花椒	360	商业+网红美女	27岁以下居多	引入VR技术，用户能够在最大程度上感受直播现场的氛围
斗鱼	腾讯	电竞游戏	整体偏年轻化	用户基数大，主播资源成熟
映客		草根网红、三四线艺人、自由职业者居多	以90后、95后为主	帅哥、美女多，适合年轻化产品
一直播	新浪	通过大批明星导入吸粉	85后、90后居多	微博导入高流量，名人号召黏性高

■ 进行角色定位

选择好合适的直播平台后，接下来，网红要做的就是进行角色定位。所谓角色定位，就是你适合以什么样的内容特色与用户对话。

以下是我们总结出的目前网红角色定位的三大派系。

学术派 | 娱乐派 | 偶像派

下面，我们将对这三大派系的特点进行讲解，网红可以结合自己的特点，进行直播角色定位。

娱乐派。 如果你是一个比较幽默诙谐的网红，那么你可以定位于娱乐派。在直播时，可以向观众讲一些段子，以诙谐自黑的方式与观众沟通，经得住观众的调侃。

学术派。 学术派就是给观众讲一些专业知识，与观众深入互动某项专业技术。在这方面有一个典型的案例就是杨守彬的直播。

2016年6月6日，在花椒直播平台上，丰厚资本的CEO杨守彬进行了长达两个小时的直播。在直播的开始，大佬微直播CEO陈荣深对直播嘉宾杨守彬进行了介绍，并抛出主题——"让你如何更红更值钱"。接着，杨守彬以专家的身份向观众讲解了如何在人人都能成为网红的时代变得更红更赚钱，并抛出200万元奖品和1000万元投资基金的噱头将直播人气推向巅峰。

据统计，杨守彬的此次直播共获得了520万人次的观看，获40万点赞及400万花椒币（约为40万元人民币）打赏。

如果你是一个在某个领域有着独到见解和丰富知识的网红，你就可以像杨守彬一样把自己的直播角色定位于学术派。

偶像派。 偶像派就是在直播里向观众秀一些才艺或泛娱乐内容，或者靠颜值及个人魅力吸引观众关注。比如聚美优品的陈欧。如果你是一个颜值高、有着才艺的网红，就可以把自己的直播角色定位于偶像派。

■ 设计自己的直播"颜值"

网红要以什么样的服饰、妆容呈现在观众面前？服饰反映一个人的内涵修养，传达一个人的偏爱喜好。网红直播出镜的衣着服饰应该随着直播类型和内容的不同而改变，网红服饰作为直播构造因素之一应该与直播的主旨相协调，通过冷暖色调的变化或者休闲与正式之间的转换来配合和衬托直播。

目前，网红可以选择的服饰风格主要有以下三种。

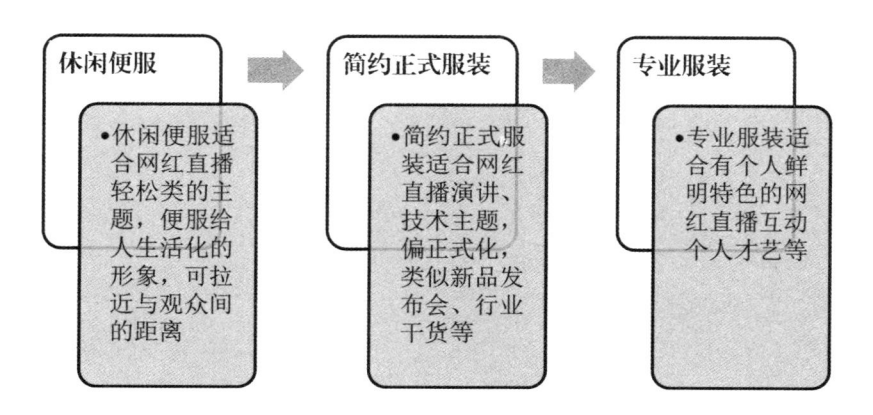

休闲便服 → **简约正式服装** → **专业服装**

- 休闲便服适合网红直播轻松类的主题，便服给人生活化的形象，可拉近与观众间的距离
- 简约正式服装适合网红直播演讲、技术主题，偏正式化，类似新品发布会、行业干货等
- 专业服装适合有个人鲜明特色的网红直播互动个人才艺等

■ 直播时间、频次和提醒的使用

网红的直播时间、频次也是一门学问，它不是随便选择一个直播时间，也不是想直播几次就直播几次。网红直播的时间和频次直接影响直播内容的实际效果。开播的频次与活跃度要直接挂钩，最好要能保证定期互动。

直播间目前主要依赖观众主动获取，一般需要多次提及和广泛传播才会被更多的观众接收。同时，为保障用户及时收看，网红必须做好直播前的提醒。

网红经济 3.0

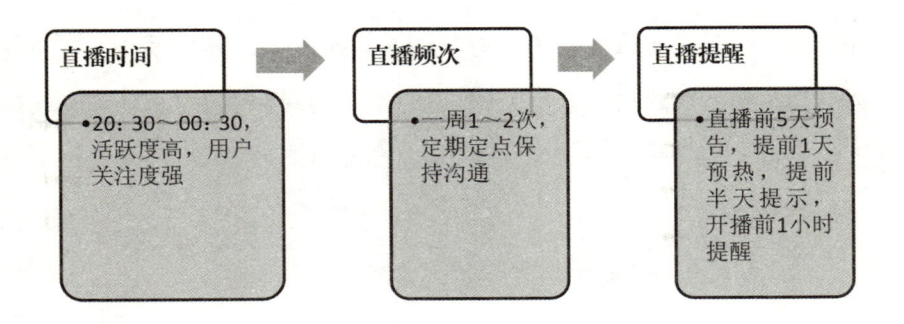

```
直播时间 → 直播频次 → 直播提醒
• 20: 30～00: 30,    • 一周1～2次,    • 直播前5天预
  活跃度高，用户     定期定点保       告，提前1天
  关注度强           持沟通           预热，提前
                                     半天提示，
                                     开播前1小时
                                     提醒
```

■ 直播奖品送出的节点和植入方法

网红在直播时，切忌随意派发奖品，在什么时间送出礼品以及品牌的植入方法都需要仔细考量。我们总结出网红送出礼物的五个节点和植入奖品的三种方法，如下图所示。

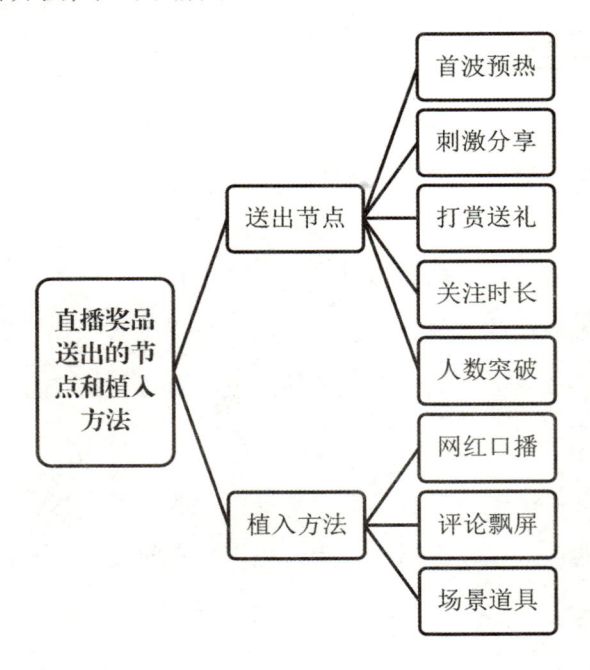

```
                    ┌─ 首波预热
                    ├─ 刺激分享
            送出节点 ┼─ 打赏送礼
直播奖品            ├─ 关注时长
送出的节              └─ 人数突破
点和植入
方法                ┌─ 网红口播
            植入方法 ┼─ 评论飘屏
                    └─ 场景道具
```

第 8 章　网红营销：从内容网红到电商网红，网红经济 3.0 借势营销

网红经济的崛起，为企业、品牌和商家带来了新的挑战和机遇，越来越多的人看到了网红的价值和前景，但是在具体操作时，却发现不知道如何通过网红做营销。本章旨在为大家呈现一个系统、全面的网红营销体系，向大家分享营销干货。但是，不管什么样的营销技巧和方法，都是从学习和实践开始，哪怕你是一个超级网红，也不例外。

高度符合消费逻辑的营销模式——超精准营销

作为新兴的经济形态，网红经济必然伴随着一个高度符合消费逻辑的营销模式。网红的营销模式其实并不新鲜，但却做到了极致，那就是超精准营销。

那么，网红是如何进行超精准营销的呢？

具体来说，网红进行超精准营销主要有以下三大步骤。

精准锁定用户群体　　培育市场　　直接推送产品

为了让大家更好地应用这一营销模式，下面将对这三大技巧进行详细的讲解。

■ 精准锁定用户群体

对于精准营销来说，网红要在培育市场之前尽可能培养符合后续产品购买期望的用户群体，以便在接下来的营销行为里增大成功率，这才是重中之重。

要做到这一点就要求营销者在定位用户时力求做到精准锁定。所谓的精准锁定即能够精确掌握用户的喜好、购买习惯、购买能力等多项综合数据。网红恰恰具备这样的能力。

网红"衣锦夜行的燕公子"本名龚燕，是资深经纪人与畅销书作家。从她发布的微博里能够看出她言语犀利幽默，因其充满智慧的言语及一针见血的点评，受到粉丝的追捧，其新浪微博的粉丝量已达到348万。

"燕公子"的粉丝特征非常明显，多为具有小资情结的都市白领，对时尚文化具有高敏感度且购买力较强。正是由于有了这样的群体特征，才能使"燕公子"在现实中无论是出书还是做时尚类节目都能够轻松获得大票粉丝的支持。

她的《迎男而上》《恋爱口语》成为畅销书的样本，而她以嘉宾主持身份参与的时尚脱口秀《lady呱呱》《美丽俏佳人》等多档节目也获得了广泛关注。

由此我们可以看到，网红作为独特的网络化载体，精准锁定用户群体的能力是其实现超精准营销的最大依仗。网红由于具备较强的个性化特征，因此在吸引粉丝时能够自动实现"人以群分"，把具有相同性格、经历、爱好、文化类别的粉丝吸纳成群，从而实现了用户群体较高程度的一致性。

■ 培育市场

我们常说的精准营销是在精准定位的基础上，建立个性化的顾客沟通服务体系，从而以低成本来赢得更高的营销成功率。

随着市场经济的发展，现在的市场营销理念早已不是先有产品再进行营销，而是先有市场后有产品。其实，这对于一般营销者来说难度极大，难就难在如何先行培育市场，而这对于网红们来说可谓手到擒来。

网红经济里的营销对象无疑就是数量庞大的粉丝群体，网红的走红程度也就是其经济价值是由其粉丝数量决定的，因此我们可以把网红们积累粉丝数量的过程看作是一个培育市场的过程。

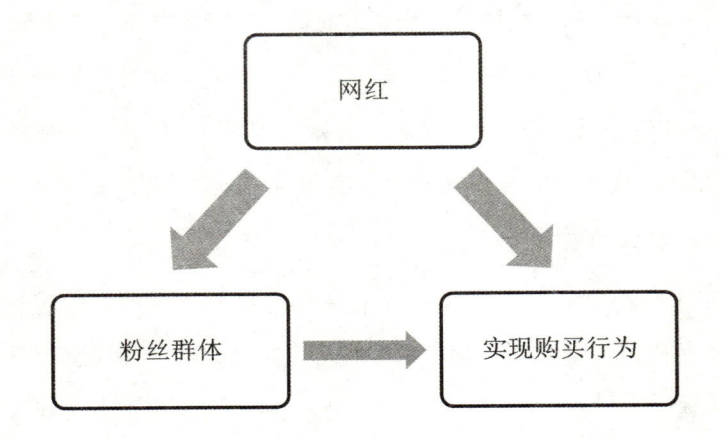

```
        ┌──────┐
        │ 网红  │
        └──────┘
         ↙    ↘
 ┌────────┐    ┌──────────┐
 │粉丝群体 │ →  │实现购买行为│
 └────────┘    └──────────┘
```

在这一过程中，随着网红粉丝量的不断提升，其潜在营销对象群体也在不断扩大，从而来满足超精准营销的首要条件。至于如何培育粉丝群体我们将会在下面的章节深入探讨，在这里暂时不做展开。

■ 直接推送产品

由于拥有了特征鲜明的粉丝群体，网红在展开营销戏码的时候便很容易被接受。很多网红通过电商、微商等渠道进行营销时都获得了巨大成功。下面以知名网红张大奕为例。

1988年出生的张大奕从2008年起开始拍摄淘宝广告，由于长相甜美，懂得搭配造型，使她在社交网络累积了大量粉丝。2014年5月，张大奕开了自己的淘宝店铺"吾欢喜的衣橱"，上线不足一年就冲到四皇冠。

张大奕的粉丝大多是被她不同类型的时尚服饰形象所吸引，这些粉丝的兴趣点也在于此，她们在微博中与张大奕交流服饰搭配、穿衣心得，不亦乐乎。就这样，在市场培育成熟后张大奕亮出了营销技能，通过淘宝店铺的营销渠道向粉丝直接推送服饰产品，很快便获得了成功。

张大奕超精准营销的逻辑在于：在粉丝群体中"张大奕"已经成为服饰标杆，她穿过的服饰粉丝一定也想拥有。这看似是一种"脑残"级别的膜拜，但却不能否认确实有效，她的粉丝对这种直接推送的营销方式特别买账。

这一点从张大奕淘宝店铺每一次新品上架后的销售数据中就能看出。某一次张大奕上架新品，每件新品的售价大概在200元左右，第一批5000多件商品在2秒钟内就被顾客"秒光"，热销状况如同"双11"，而所有新品在三天内基本售罄，也就是说，短短三天时间张大奕便完成了普通线下实体店一年的销售量。

直接推送产品，这看似霸道的营销推送方式在其他领域可能行不通，甚至会使客户产生逆反心理，但在网红经济里却恰恰成立。从深层次来看，它是建立在网红所具备的独特人性化魅力的基础之上，是建立在网红吸引粉丝的独特方式之上。

网红经济让网红可以实现超精准营销，正是由于这一特点，网红的商业价值正在被快速挖掘。相较于粉丝经济的"漫灌"营销，网红经济由于网红在特定领域里的专业性与领导优势，使他们能够更精准地将产品导向粉丝需求，实现了"精灌"营销，从而来提高营销转化率。这便促成了网红商业模式的成功。

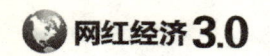

网红营销未来兴衰成败的关键——粉丝营销

"人脉就是金钱"是过去生意人挂在嘴边的话,时代变了,现在网络营销说"粉丝才是硬道理"。在适应时代发展方面,很多网红个人和企业的转型极为迅速,而如何有效地吸引粉丝、开创粉丝经济也成为网红个人和企业的首选。

网红个人和企业离不开粉丝,网红类型不同,粉丝群也不一样。粉丝多的网红企业和个人流量就大,观看率高,赚钱多。可以说,粉丝已成为网红企业和个人未来兴衰和成败的主宰。

意识到这一点之后,许多网红企业和个人无不在粉丝营销上大做文章。粉丝营销成功的网红营销也就成功了。纵看如今网红粉丝营销成功的案例,这里面是否有规律可循呢?下面,我们系统地介绍几种粉丝营销的技巧,希望能为网红企业和个人决战商海、成功创建千万粉丝团助一臂之力。

■ 根据营销的不同环节,对内容进行相应的调整

无论网红粉丝营销形式如何复杂,"内容为王"的第一原则是永恒不变的定律。网红个人和企业在进行粉丝营销时,还应该根据营销的不同环节,对内容进行相应的调整。这样做的目的是为粉丝带来源源不断的新鲜刺激,让粉丝不至于生厌。

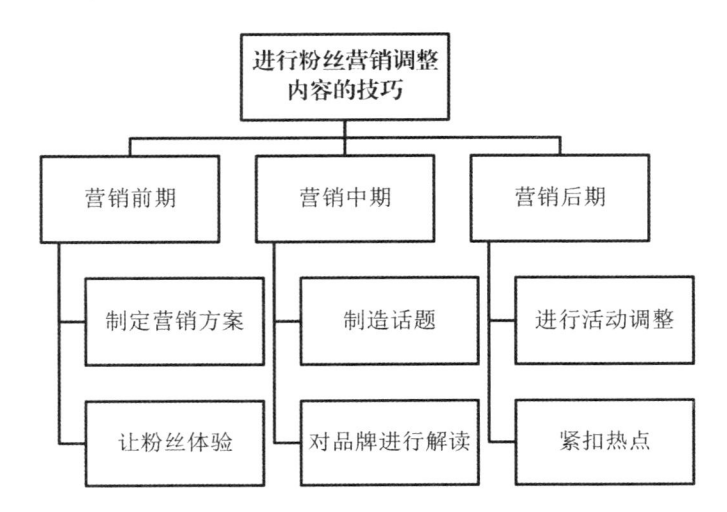

具体来说，网红个人和企业可以参照以下技巧进行调整。

```
                 进行粉丝营销调整
                    内容的技巧
          ┌────────────┼────────────┐
        营销前期       营销中期       营销后期
          │            │            │
      制定营销方案    制造话题     进行活动调整
          │            │            │
       让粉丝体验   对品牌进行解读   紧扣热点
```

粉丝营销前期：结合网红个人和企业的形象以及粉丝群的特征，制定最完整的营销方案。精准的策划，是营销成功与否的基础。只有建立完整、清晰的营销思路，才能提炼出产品与粉丝之间最精准的核心点，从而达到最大的吸引力。

在粉丝营销的初期，体验式营销最有效。网红个人和企业可以找到最核心的亮点，提前让粉丝体验，线上品牌不妨放出"抽奖使用码"，线下品牌不妨建立"体验专区"，这既会给品牌赋予神秘的气质，也能让粉丝可以真正提前感受营销的魅力在哪里。

粉丝营销中期：要制定一系列话题活动和对产品或品牌进行全面解读，这是营销中期的关键。比如，发布全面测评信息，对产品的型号、安全等诸多方面一一评测，而这些信息应当在微博、网站上分阶段不断放出，从而逐渐给粉丝带来安全感和信赖感。

粉丝营销后期：要不断根据粉丝们的情绪进行活动细节调整，这是维持持久热度的有效手段。粉丝营销需要紧扣社会热点，而网友们的关注点也会不断变化，并且这种变化是以小时计的。

所以，粉丝营销不能一成不变，网红个人和企业要随时根据变化做出调整，这样才能给粉丝带来新鲜、时尚的印象。如果网红营销没有了个性，那么粉丝也会在一开始的熙熙攘攘之后，迅速陷入沉寂。

■ 营销一定要是积极的、带有正能量的

真正能够打动人心的营销，一定是积极的、带有正能量的。就像奥利奥的活动，就给孩子们带来了一个与众不同的童话王国，还给父母带来了如何与孩子交流的思考，所以才会热度一直持续下去。

但是，如今有一些网红却总是喜欢打擦边球：软色情、暴力，甚至不惜用一些让人鄙夷的手段，以此来达到吸引粉丝的目的。的确，这样做一开始也许会收到一定效果，但是用不了多久就会受到更多人的批评，甚至让粉丝流失。网红个人和企业应该禁止这样的营销方式。

■ 抓住痛点，彻底解决粉丝的需求

网红经济时代，有这样一个词被反复提及：痛点思维。无论在互联网媒体还是传统媒体，痛点越来越多地被提及，这到底有什么作用？

痛点思维，是相对于传统思维提出的概念。在传统商业领域中，多数企业的做法是先去研发产品并推向市场，然后寻找适合品牌的用户；但痛点思维却与之相反：在产品立项后不着急马上进行研发，而是确定一类人的痛点（需求）在哪里，最好这个痛点具有广泛意义并持续了一段时间，然后想办法找到方案解决它，直接针对客户的需求入手。

简单总结一下，想要真正抓住粉丝的痛点，网红个人和企业就要从下面这三个环节切入。

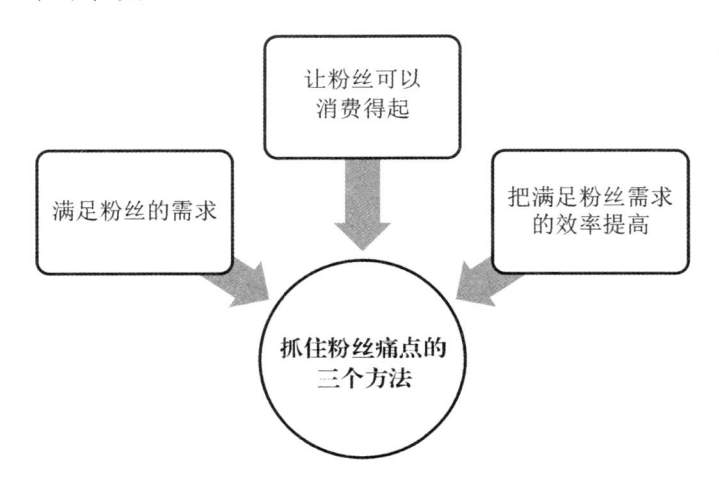

```
          ┌──────────┐
          │让粉丝可以│
          │消费得起  │
          └────┬─────┘
               │
┌──────────┐   ▼   ┌──────────────┐
│满足粉丝的│       │把满足粉丝需求│
│需求      │──┐ ┌──│的效率提高    │
└──────────┘  ▼ ▼  └──────────────┘
         ┌──────────┐
         │抓住粉丝痛点的│
         │  三个方法 │
         └──────────┘
```

满足粉丝的需求，这是抓住痛点的关键。能够预见性解决粉丝的需求，例如，百度地图的实时定位、股票软件的实时交易是瞬间感动客户、并领先同类品牌的核心。发现"需求蓝海"，才能撬动粉丝的心。

能够解决粉丝的痛点，更要让粉丝可以消费得起。如何降低成本，提供更便宜的产品和服务，甚至能否提供免费产品试用，这决定了粉丝是否愿意花钱。就像360科技首推的"免费杀毒"模式，既满足了客户渴望杀毒的心理，又让客户可以享受最具性价比的服务，所以它就能一举打败金山、瑞星等一系列老牌软件，成为装机率最高的杀毒软件。

把满足粉丝需求的效率提高。老的问题解决之后，还会有新的问题出现，这种痛点是持续性的。所以把满足粉丝需求的效率提高，就意味着你可以一直保持着对粉丝的高吸引力，并降低成本。

"别让我想，别让我烦，别让我等。"这是互联网时代的粉丝心理，它们分别针对问题、价格和效率三个环节。意识到这三个环节的关键点，"痛点思维"就会形成，并彻底解决粉丝的需求。

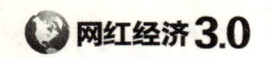

网红营销获得成功的基础——互动营销

在前面的章节里，我们或多或少的都谈到了"互动"。其中对于互动的目的，我们强调是为了获得用户的反馈信息，而在营销层面并没有展开去说。

在本节我们重点谈一下分享互动对营销所起到的积极作用。因为从那些成功网红的案例中，我们可以看到，网红营销最终获得成功的基础都是分享互动，这一点恰恰企业和商家做得并不好。

从以往企业和商家营销的特点来看，降价促销、大面积广告覆盖推广以及各种门类活动是企业和商家经常使用的营销手段。这些营销手段虽然能够获得良好的效果，但是成本过高、持续性不强的弱点也非常突出。这些方式在网红的营销词典里并不被选用。

下面让我们看一个网红互动营销的案例。

小米公司在营销上的成功主要来自于和用户之间的有效互动。因为只有和用户建立了真正的互动，才能变成有效的营销。小米的营销主要由公司自己来完成，包括公关、微博营销、客服等，这样做的好处是有效保证了企业与用户的零距离沟通，让营销的执行力更强。

在小米的营销团队里，负责人黎万强是产品经理出身，同样地，团队的大部分成员也来自产品、技术团队，这样的人员构成充分发挥了他们对产品的理解要远远超过纯营销人员的优势，很容易准确定位用户需求，与用户交流时也更有共同语言。

在互动层面，小米的创始人雷军也整天挂在米聊上参与和用户的互动。小米的其他几位创始人也都很注重和用户之间的互动。这样的方式一下子拉近了企业与用户之间的距离，使用户自然而然地对企业产生了亲近感。

为了更好地与用户形成良性互动，小米在售后服务环节还建立了自己的呼叫中心，保证了用户的咨询与投诉都能够在第一时间被妥善处理。

同时，小米的官方论坛一直保持着高活跃度，这都是持续维护的结果。通过在论坛上的持续互动，用户对小米产品所提出的各种意见与改进建议都能够被及时收集，保证了在随后的意见整理环节发现用户的真实需求。

小米公司是网红营销的代表，从小米的案例里我们不难看出，网红营销往往来自成功的互动，通过互动实现与客户的"共振"，从而为营销打下坚实的基础。

那么，企业和商家应该如何进行互动营销呢？最有效的三种互动营销的方法，列举如下。

- 找出吸引用户的"关注点"
- 互动的内容要能娱乐粉丝
- 通过互动为粉丝传递品牌意识

■ 互动的内容要能娱乐粉丝

从分享互动的角度来看，针对当下互联网粉丝的特征，分享互动也要迎合这些粉丝特征。首先是互动的内容要加入娱乐化成分。糗事百科在这方面就做得非常科学，让我们来学习一下吧。

糗事百科从2005年开始运营，是以糗友真实糗事为主题的笑话网站，话题轻松休闲，在年轻人中十分流行。经过10多年的发展，糗事百科已经成为知名的中文原创搞笑社区。在糗事百科中，用户可以查看他人发布的糗事并与网友分享自己亲身经历或听说的各类生活糗事。

糗事百科与大多数网站不同，它没有新闻，没有专题，仅仅是由简单的帖子罗列而成，这些帖子都是网友自己发布的生活中的倒霉事。

网友的那些现实生活中根本无从开口的糗事，在该网站上可以自然地晒出来。糗事百科发帖要求内容真实，尽可能表达简洁、清晰、口语化，还可以顶贴、踩贴，这样可以提升或者降低文章的糗事排行。

其实，网红经济本身就有很强的"娱乐性"。不要小看了上面案例中的"糗事百料"，它在互联网上拥有过超千万的粉丝群，可以算是"超级网红"。由此可见，在全民娱乐的时代，过于严肃的互动话题往往不会激起互动对象的热情，而加了"娱乐化佐料"的互动反而会引起互动对象的兴趣。

我们还能够看到那些曾经特别严肃的电视综艺节目，现如今作为评委或嘉宾的歌唱家或演员们在和观众进行互动的时候，通常都会说几段笑话，目的就是博得观众一笑，提升互动的质量。

因此对于企业和商家来说，想要获得用户的认可，就要放下"高高在上"的作派，和粉丝、用户通过互动打成一片，只有这样才能了解他们的需求,从而满足他们的愿望,获得好的营销效果。

■ 找出吸引用户的"关注点"

网红经济的重要特质之一就是"关注点"。那些成功网红的身上都具有鲜明吸引眼球的关注点,如美貌、文笔、背后的故事等。这些"关注点"会引发粉丝的兴趣从而提升互动时的效果,为互动制造出话题。

"互动"并不是简单的你一言我一语,想要取得积极的效果就需要投其所好地为互动对象输出"积极"的内容。想要做到这一点,依靠的便是用户对网红的"关注点"。因此,企业有必要扪心自问:"我吸引用户的'关注点'在哪里?"

■ 通过互动为粉丝传递品牌意识

网红经济是由"美丽"引发的注意力经济,对网红个人来说,想要延长成功的周期,只有在品牌的引导下才能实现。因此,网红在互动层面的表现也发生了变化,对品牌信息的传递开始增多,开始从产品推销转向对个人品牌的推送。

这是因为网红们已经意识到,如果仍然停留在卖货思维,那么自己始终扮演的是一个销售的角色,没有给粉丝提供除了产品外的任何附加价值,这显然已经不符合用户的需求了。

随着产品种类的丰富、价格的持续低廉,用户所需要的是除了产品之外,还能获得的额外价值。网红存在的意义正是成功地赋予了粉丝在产品价值之外更多的情感价值。正因如此,我们看到很多网红开始专注于通过互动为粉丝传递品牌意识，从而建立起情感的壁垒。

网红经济的快速发展、网红产品的惊人销售其实都源于粉丝对网红的追捧。粉丝被网红输出的内容及网红本身的人格魅力所打动，并心甘情愿地付费购买网红提供的产品。

之所以会产生这样的效果，原因就在于在实体产品之外，网红个人品牌对粉丝的影响力起到了决定性作用，它让粉丝的自我情感诉求得到了表达，其实是给予了粉丝除实体产品以外的情感附加值。

利用网红的传播优势和话题之势——借势营销

网红营销除了直接借助网红本人进行营销之外，还有一种营销方式也非常有效。这种营销方式叫做"借势营销"。

分析网红的特点我们会发现，网红所产生的最大效应就是"共振"。当一个话题经过网红传播后，往往会形成连锁反应，粉丝、网民都会加入进来发表自己的观点与看法，这时信息已经超出了单向传播的范围，而变成多向网状传播。

在这个过程里，企业和电商可以加入其中，借话题之势形成自我传播，也可以利用网红的传播优势增强借势的效果。杜蕾斯和海尔公司在这方面就做得非常科学，让我们来学习一下吧。

2015年12月1日明星郭富城在微博上晒出了一张在车里两手相握的图片，迅速引起了无数网友们的追捧，让他迅速成了网红，"郭富城新恋情"的微博话题热度席卷整个网络。

由于郭富城微博发布的日期是12月1日,而12月2日恰逢"交通安全日",因此杜蕾斯官方微博没有直接使用原图,而是采用剪影把图片做成交通安全的提醒标志,同时微博内容采用郭富城知名歌曲的歌词,与杜蕾斯品牌紧密地联系在一起。

海尔公司也在这一话题事件中紧跟借势,图中的产品广告语把"牵手事件"与海尔热水器产品巧妙结合在一起,也达到了不错的传播效果。

"借势"看似简单,其实是一个很有"技术含量"的营销行为,想要借势营销成功,需要把握以下三个原则。

把握网络热点的时机 → 准确找到自身与借势对象之间的结合点 → 做好借势营销内容的设计

■ 把握网络热点的时机

企业和商家首先要注意借势跟进的时机。一般情况下,网络热点的热度时间都非常有限,在短短的几天内迅速做出反应,才能让企业抢占传播的高地,让"借势"发挥最大的传播功效。在这里,有一个十分典型的例子。

2015年知名服饰品牌韩都衣舍的天猫旗舰店首页出现异常,页面变为黑色并附有"活该韩都衣舍"这六个歪歪扭扭的红字。这一事件的画面截图仅仅在几分钟之后就开始在微博上传播起来。

一时间,网友纷纷猜测韩都衣舍到底得罪了谁?从竞争对手的攻击到内容员工的恶搞，围绕这一话题的多个版本的猜测在微博上持续发酵，吸引了无数网民的关注。

后来，据韩都衣舍媒介负责人在接受采访时说，"首页异常"事件并非事先策划，也非员工恶搞，是美工在切换网页时传错图片所致。

事件爆发后的当晚，韩都衣舍立刻进行了有效应对，把既定于当天晚上开始的"新锐"营销活动经过修改后提前发布了出来。

于是改头换面的"活该新锐"营销活动拉开序幕，瞬间获得了网民的高度关注，活动效果也立竿见影。事件爆发后的几天里，粉丝、明星、网红的相继登场把"活该新锐"营销活动推向了高潮。"网红"们的表现在这次事件中起到了推波助澜的作用，猫力、黄一琳、徐峰立、王卯卯等网红相继对事件进行了跟进。

韩都衣舍的这次"首页异常"事件对企业来说本是一次危机，然而却被其用借势的方式转变为了一次成功的营销。

韩都衣舍借势营销之所以成功就在于对借势跟进时机的把握。要知道网络热点的持续关注时间就在几天内，韩都衣舍的借势营销在"首页异常"事件发生后的当晚就已经展开，其反应速度令人赞叹。随后在事件持续发酵的几天里，韩都衣舍利用明星、网红、粉丝的力量让传播扩大化、纵深化，尤其是在第三天网红跟进的行为起到了推波助澜的作用。基于网红"共振"的传播特征，这一事件经过网红的传播后，其影响力上升到了新的高度。

从这个案例中我们能够体会到，在企业借势营销的玩法里把握时机的重要意义。为了做到这一点，企业和商家需要掌握以下四个核心技巧。

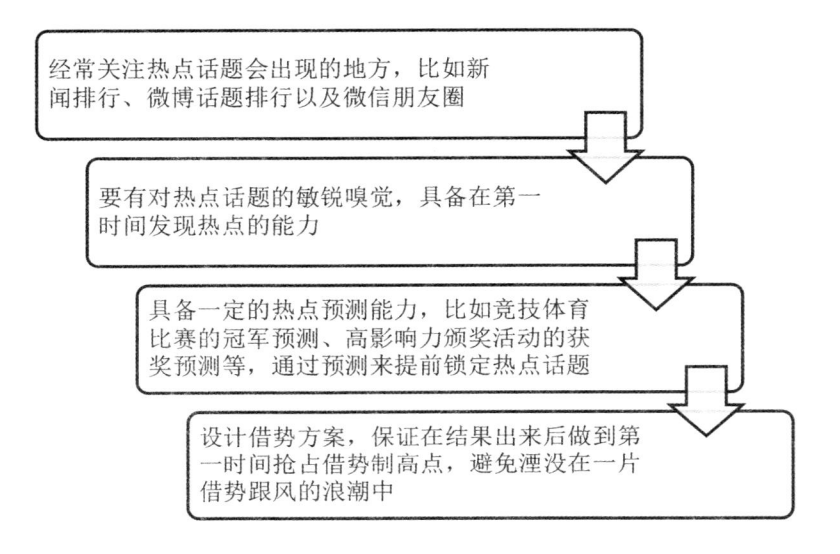

```
┌─────────────────────────────────────────┐
│ 经常关注热点话题会出现的地方，比如新      │
│ 闻排行、微博话题排行以及微信朋友圈        │
└─────────────────────────────────────────┘
              ↓
   ┌─────────────────────────────────────┐
   │ 要有对热点话题的敏锐嗅觉，具备在第一  │
   │ 时间发现热点的能力                   │
   └─────────────────────────────────────┘
                 ↓
      ┌──────────────────────────────────────┐
      │ 具备一定的热点预测能力，比如竞技体育  │
      │ 比赛的冠军预测、高影响力颁奖活动的获  │
      │ 奖预测等，通过预测来提前锁定热点话题  │
      └──────────────────────────────────────┘
                    ↓
         ┌───────────────────────────────────┐
         │ 设计借势方案，保证在结果出来后做到第│
         │ 一时间抢占借势制高点，避免湮没在一片│
         │ 借势跟风的浪潮中                   │
         └───────────────────────────────────┘
```

■ 准确找到自身与借势对象之间的结合点

企业在采用借势营销策略时，成功的核心要素就在于准确找到自身与借势对象之间的结合点，让借势显得顺理成章、自然而然。这听起来似乎很难懂，我们举例说明一下吧。

深圳益田玫瑰府邸项目成功借势美国硅谷互联网预测大师、超级网红凯文·凯利（KK）的方式别具一格。

凯文·凯利是美国著名杂志《连线》的创始主编，互联网业界都亲切地称其KK。凯文·凯利在其1994年出版的《失控》一书中提到的很多未来技术，如WEB2.0、比特币、P2P、社交媒体等在过去的20年间都被一一实现。因此凯文·凯利也被看作互联网界的预测大师而受到无数粉丝的追捧。

借助凯文·凯利来深圳举办公开课的机会，深圳益田玫瑰府邸通过提供项目别墅使用的方式承接了凯文·凯利公开课后与深圳科技CEO举办私密午宴，以及粉丝见面会、畅销书《必然》的签售会项目。

由于深圳近两年互联网创业如火如荼，涌现出了一批年轻的互联网及科技公司CEO，而深圳益田玫瑰府邸项目的别墅产品的精准客户正是CEO级别的客户，因此通过借势网红凯文·凯利把这些目标客户吸引到深圳益田玫瑰府邸进行现场体验，可以说是一次成功的借势网红的营销行为。

深圳益田玫瑰府邸借势凯文·凯利的成功之处在于，把自身项目成功植入了凯文·凯利公开课的系列活动之中，利用凯文·凯利的个人吸引力成功绑定了精准的目标客户，这种借势营销的思路值得学习。

其实对于借势营销而言，我们更应该从"顺势"的角度去理解。企业在进行推广的时候要顺应热点，把热点与自己品牌产品的核心价值相结合，从这一点出发去设计传播内容，才能实现真正的借势营销效果。如果遇到热点就盲目地跟上去掺和，反而会落得不伦不类，无法达到借势营销的目的。

因此，企业应从自身的行业出发，根据品牌气质、产品特征、目标客户的接受程度来区分热点借势的形式与类别。例如，对于传统品牌企业而言，以明星花边轶事为题材的热点话题尽量不要去跟进，否则很容易挫伤品牌形象。

借势的目的虽然从传播的角度看是让企业品牌产品获得更好的传播效果，但其核心还是应该落在用户身上，通过借势营销的方式增加用户对企业品牌产品的认知度与好感度，这才是企业在借势背后最希望得到的效果。

■ 做好借势营销内容的设计

针对热点事件和企业、商家自己的品牌产品,通过精炼的文案赋予它们高度的匹配性,是借势营销时必须具备的核心技能。这也是企业和商家借势营销能否出彩的关键点。我们来看看下面这个案例。

2012年伦敦奥运会上,飞人刘翔摔倒的消息出现后,杜蕾斯在官方微博上发布了一条消息——"最快的男人并不是最好的,坚持到底才是真正强大的男人!"

这条微博巧妙地借势"刘翔摔倒"这一热点话题,内容在字面上可以理解为鼓励刘翔不要泄气,坚持到底,而与杜蕾斯品牌结合在一起又隐含与品牌相关的内容理解,可谓在文案上出了彩。

这条微博总共引发了4万条转发和7千条评论,很好地实现了对杜蕾斯品牌形象的传播。

从上面的案例我们可以看出,好的创意内容对企业借势传播能起到决定性的作用。想要做好借势营销内容的设计,企业和商家需要做好两个方面的工作。

首先,随着自媒体的出现,内容呈现形式已经不仅局限于传统的文字、图片、动画等,还增加了短视频、语音、微电影等更多种类的形式。因此,企业需要与时俱进地去适应用户新的阅读习惯。

其次,在内容创意上,企业要制造一种既符合借势条件、不会让用户产生排斥,又能满足媒体传播需要的创意内容,这需要在创意时考虑到内容导向、情绪感染力、共鸣因素等各个层面。

企业和商家在制作借势营销的内容时要本着以下六大标准。

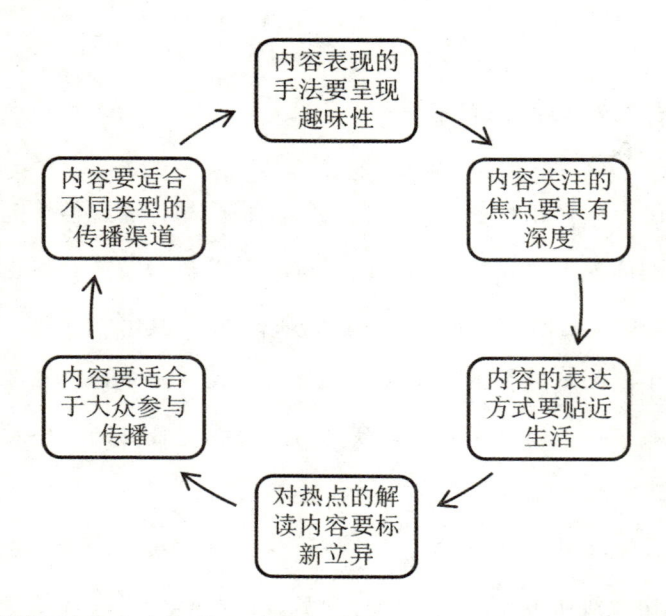

```
         内容表现的
         手法要呈现
          趣味性
                    内容关注的
  内容要适合           焦点要具有
  不同类型的             深度
  传播渠道
                    内容的表达
                    方式要贴近
   内容要适合           生活
   于大众参与
    传播      对热点的解
            读内容要标
             新立异
```

借势营销以内容为主体，企业和商家切记不要图省事仅仅在热点事件里加入企业的元素就当成借势，这种投机取巧的方式并不能真正引起有效的传播，反而会给网民带来反向感官，对企业的品牌产品传播并无好处。

此外，企业还是要对借势热点进行二次创作，把热点的原素材作为创作的元素之一融入自己的创作。在传播渠道上，企业除了运用自己的自媒体与社交平台账号进行内容传播外，还可以借助在内容传播层面具有不可比拟优势的网红群体来帮助企业实现更多渠道的内容传播。网红甚至可以在企业借势的层面再助推一把，让企业的借势实现二次甚至三次传播。

最火爆的营销方式——网红+直播营销

在讲解"网红+直播营销"之前，我们先来看一个案例。

2016年，小米CEO雷军对小米无人机的发布会采取了全程纯直播模式，把发布会搬到了包括小米直播在内的27个平台上。雷军在介绍小米无人机性能的时候，频频向观众索要鲜花、跑车和游轮，甚至号召公司高管为他的直播刷车队。

看完小米CEO雷军的直播后，对你的直播营销有没有什么启迪？由于网红经济的影响力，使得很多网红都开始效仿雷军纷纷加入到"直播大军"中，他们渴望利用这种方式获得年轻消费者对自己或企业品牌的认可，达到营销产品的目的。

话虽如此，但并不是每一位网红都能像雷军一样轻松搞定一场直播，它必须经过周密的策划和安排。在直播推广的章节里，本书已经向大家详细地介绍了如何利用直播推广的步骤，但仅仅推广不能为网红个人和企业实现变现，接下来，我们向大家介绍三个直播营销的方法，希望帮助网红个人和企业、商家顺利完成直播，吸引观众和粉丝，获取销售利润。

■ 通过直播内容留住观众，激发他们的参与热情

没有人愿意在直播里听长篇大论，也没有人愿意听你夸夸其谈自己的产品。你要搞清楚观众看直播的目的是什么，他们也许只是想打发一下时间，或者是想获取一些新信息……不管出于什么原因观看直播，有一点已形成共识：观众希望通过跟镜头背后的这个品牌或这群人有双向的交流和陪伴，这才是直播的本质。

如果你还不能理解，我们不妨来做下面这样一个投票。

以下两个内容，哪个更吸引你？

□24小时车内生存挑战，全程直播给你看。

□老司机带带我，聊聊车里车外的奇葩奇幻经历。

以下两个话题，你想参与哪个？

□首次直播揭秘生产加工流水线，原来背后长这样。

□我的工作是找姑娘、聊姑娘、玩姑娘，你有什么想问的。

这两个直播内容，你是不是会毫无犹豫地选择其中的第二个选项？其实，这是虎嗅网"创夜公寓"栏目的直播主题，我们回头去看他的节目框架的时候，依然有需要改进的地方。

然而，谁的直播能有十几万甚至几十万上百万的观众观看，这并不是我们要研究的课题，毕竟在"好奇杀死猫"的社会，任何一点风吹草动都能吸引一批嗅觉灵敏的"吃瓜群众"。作为网红，需要研究的是：如何通过直播内容留住观众，激发他们的参与热情。

■ 切勿自作聪明，把直播变成了自己的舞台剧

任何一场直播营销都是"有预谋"的事件，各个流程都是经过认真策划的。但是，观众也不是傻瓜，他们不是来看一场按部就班的直播演出的，本着"看热闹不嫌事儿大"的心态，他们反而希望直播能够出错或穿帮。因为这样会让他们拥有"优越感"。

所以，网红在进行互动直播时，切勿自作聪明，把直播变成了自己的舞台剧。

■ 直播过程中与观众互动的三大技巧

网红直播，与观众互动的程度直接体现直播营销的成败，互动越火

爆，直播营销的成功率就越高，网红的受关注度也就越大。以下是我们整理出来的网红在直播中与观众互动的三大技巧，希望有助于网红与观众实现火爆的互动，"嗨"遍全场。

注意避免冷场，要实时欢迎口播
- 网红在直播中要注意避免冷场，要实时欢迎口播。也就是当直播间进来一位新伙伴时你要口播"欢迎XXX"之类的话，同时还要注意寻找话题与观众聊天。在直播过程中也要不时口播提醒观众关注自己的账号、分享直播链接以及给自己刷礼物

有针对性地回答观众的提问
- 大多数情况下，直播间观众的提问会比较繁杂，网红可有针对性地回答，注意略化不太健康的话题，比如涉及色情和暴力等的话题，必要时可使用禁言功能
- 另外，对于观众提出的问题要认真观看、阅读，并耐心解答

设置飘屏
- 在直播时，网红要将重要课题、送出奖品和内容预告等信息设置飘屏，同时要注意对出场嘉宾的相关信息进行飘屏设置

总之，不管什么样的直播营销技巧和方法，都是从学习和实践开始，哪怕是一个超级网红，也不例外。

第 9 章　网红变现：打造多元化的盈利渠道

网红是如何盈利的？随着网红经济的发展，很多人对于网红的盈利模式产生了兴趣。本章我们一起来盘点一下网红有哪些变现渠道以及如何利用这些渠道实现变现。

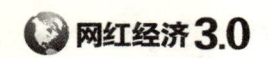

网红八大变现渠道大揭秘

在网红经济里,变现渠道是其主体构成。"变现"是网红经济最为重要的环节,它决定着网红个人的成败,影响着网红经济的发展。

在目前的网红经济模式中,网红的变现渠道主要有以下几种。

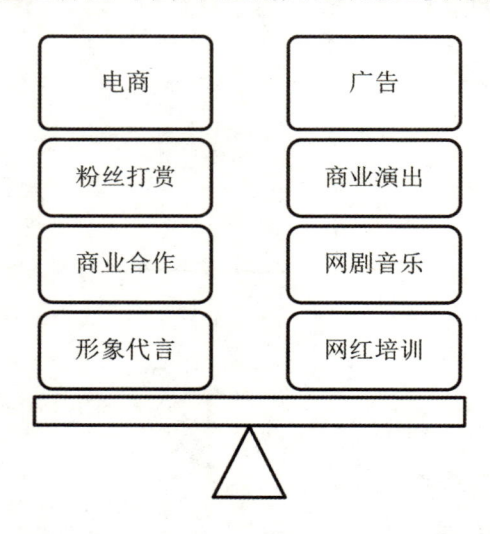

电商	广告
粉丝打赏	商业演出
商业合作	网剧音乐
形象代言	网红培训

- 电商

电商是网红经济里主要的变现渠道。网红通过合作或者干脆自己开设店铺在淘宝平台上进行产品销售赚取收益。由于网红拥有数量庞大的粉丝群体,粉丝忠诚度较高,因此通过电商变现相对容易。对于电商平台而言,网红的到来起到了引流的作用。

有数据显示,2015年第二季度,国内三大社交平台QQ、微信、新浪微博的月均活跃用户数分别为8.6亿、6.5亿和2.12亿，相比之下，纯电商平台的活跃用户数则远远落后。

而"社交+电商"的模式能够带来巨大的爆发性的消费力，它能够充分利用社交平台庞大的用户群体，把这些用户变为可触及的潜在消费者，解决了传统电商现存的流量供给不足的问题。

目前在淘宝平台上有着数千位网红，拥有超过5000万的粉丝，他们依靠微博、QQ等社交平台快速推送时尚产品，在淘宝上进行预售、定制，配上淘宝商家强大的生产链形成了网红经济中一种独特的商业模式。

■ 广告

广告也是网红经济里有效的变现渠道。在网红的QQ空间、微博、微信公众号等各类社交平台上都会有广告植入。网红是内容的生产者，有先天的内容驾驭能力，粉丝对其发布的内容极易产生共鸣，因此能够保证广告投放的效果。

比如那些通过原创小视频火起来的网红，在视频中插入广告很容易让粉丝记住。通常这类视频中的广告展现方式有两种。

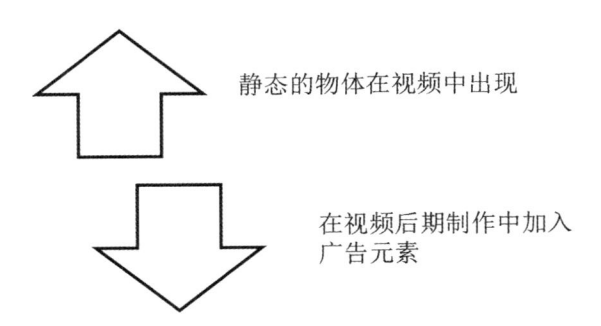

⬆ 静态的物体在视频中出现

⬇ 在视频后期制作中加入广告元素

除此之外，"图片+文字嵌入"式的广告呈现方式也已被网红们运用自如。

- **粉丝打赏**

粉丝打赏是网红变现的渠道之一，在微信公众号、微博、直播平台上，均有打赏的设置。"打赏"，简单地说就是对于网红在网上发布的原创内容，包括文章、图片、视频等，如果用户觉得好，就可以通过奖赏钱的形式来表达对网红的赞赏。

这是一种非强制性的付费模式，用户完全自愿，相比广告来说，这种方式不会影响用户的体验。

以直播平台为例，粉丝可以通过购买虚拟的花、跑车、别墅等礼物来表达对直播者的喜爱，每种礼物对应不同数额的点数，直播者可以利用自己积累的点数换取真实的货币收益或是通过粉丝送红包的方式来赚取收益。

直播平台如果人气旺，那么对于网红主播来说，收益相当可观，比如在某知名直播平台月收入排行榜上位列第一名的网红主播收入接近40万元，平均日入超过万元。

- **商业演出**

商业演出是网红变现的渠道之一，早期的网红如芙蓉姐姐等均是依靠商业演出来实现变现。网红出席商业活动不仅能获得出场费，还能在现场获得更多的粉丝。

目前来看，网红出席活动的出场费高低不等，大多在三万元到十几万元之间。这一变现方式对网红的要求较高,它要求网红不仅要具备演艺素质、临场应变力,更需要网红拥有较大的号召力,从而获得演出效果的保证。

■ 商业合作

当网红"红"到一定境界后,商业合作便成为一条变现通路。商业合作的方式与对象有很多,与广告商的广告合作、与资本方的投资合作、与媒体平台的签约合作等都能够为网红提供可观的收益。但这一切的前提是网红自身要有成为合作对象的价值。

目前在网红圈除了几位呼风唤雨的超级网红外,能够获得商业合作机会的网红还并不太多。但是也可以看到,随着资本进入网红经济的速度加快,网红在商业合作领域将会面临相当不错的机遇。

■ 网剧音乐

随着互联网的不断发展,电视媒体渐渐被网络电视取代。网络电视媒体以低门槛、强互动、草根娱乐的方式深得网民喜爱。因此网红在网络电视里出镜将成为网红变现的独特渠道。

网红的粉丝都来源于网络,因此并没有跨媒体的障碍,网红的号召力能够大幅提升网络电视的收视率,从中产生巨大收益。对于网络电视制作方与网红,这是一个双赢的合作方式。

有调查显示,网民最喜欢的传播方式是"视频"与"音乐",音乐MV的方式无疑是两者的结合。由于技术门槛低、制作周期短、制作成本低，结合了网红生产内容的特点和粉丝的口味，所以网红出品音乐MV是成功的变现方式，唱吧平台上活跃的网红们就是绝好的例证。

■ 形象代言

其实这一渠道属于商业合作的范畴，之所以单独拿出来是因为其具有一定的代表性。以往提到代言多会联想到明星代言。而网红之所以具备形象代言的条件，主要是由于网红自身风格特征与粉丝群体兴趣特征都十分鲜明。

对于代言方而言，选择网红代言可以实现精准推广，并有利于今后的产品销售，同时相比明星而言，选择网红代言成本要低得多。代言方只需结合自身需求找到匹配的代言对象即可，网红也当然能够从中实现变现。

■ 网红培训

网红培训是一条比较特殊的变现渠道，目前应用还不广泛，但在未来可能会成为资深网红运用比较多的变现方式。

网红培训就是通过系统的课件与案例，采用培训授课的方式教更多人成为网红。这一方式具有很大的市场空间。近年来，网红概念火热，网红经济发展迅猛，其影响力势必逐渐扩散，可以预知在未来3～5年将是网红最好的时代。在这一背景下，网红市场将呈现出巨大的吸引力，也会是很多人创业选择的方向。

因此，网红培训市场的兴起是必然结果，通过收费培训的形式来招收学员授课无疑也会为资深网红们提供很好的变现通路。

综上所述,这些网红变现渠道构成了网红经济的盈利渠道,它们为网红经济的流畅运转带来了活力,同时也为网红经济圈完成了闭环。

以上我们对网红经济的八大变现渠道进行了拆解,对各个变现渠道进行了梳理,相信读者对网红经济的变现已经有了初步的认识。从下面的内容开始,我们就对网红的几大主要变现渠道进行详细的讲解,具体指导如何实现变现。

电商变现——网红经济主要的变现渠道

网红经济的初期,变现是十分困难的,那时候的网红主要依靠商业公司的包装,通过商业演出、活动来变现,因此能够实现变现的网红并不多。

随着电子商务平台的兴起,电商模式在短短几年内改变了人们传统的消费观。随着电商平台的发展,支付保障体系的逐步完善,电商活动已经深入人心,与生活实现了无缝对接,网红新的变现通路就此开启。

从2014年开始,网红店铺在淘宝平台迅速崛起。有资料显示,2014年淘宝"双11"活动,销量排名前十位的女装店铺中,网红店铺占到七席,表现丝毫不亚于一些知名服饰品牌;在2016年淘宝"双11"大型促销活动中,销量前十位的淘宝女装店铺中也有八家是"网红"店铺。

这些数据无不证明,电商已经成为网红变现的普遍之路,通过这条路,网红找到了自己的商业价值。

网红经济 3.0

网红通过电商平台实现变现的基本逻辑是：网红们在微博等社交平台首先实现粉丝聚合，在拥有一定数量的粉丝后，通过发布购物推荐和链接将粉丝引流到自己的淘宝店铺里，从而实现变现。

目前，网红的淘宝店铺主要有两种变现模式。

合作模式：具备一定知名度的网红和已经成熟的淘宝店铺合作，通过网红引流入店铺，让店铺提升销售，同时网红获得一定比例的销售分成

自营模式：从选款、搭配到设计、成品，各个供应链环节都由网红自己经营

■ 合作模式

大多数网红与电商结缘都是从合作模式开始的。合作模式还可以分为以下两种。

"网红+孵化公司+产品"组成的以直接卖货为主导思想的普通电商销售模式 → 打造网红品牌产品的特色电商销售模式

普通电商销售模式

普通电商销售模式一般是网红负责引流、产品拍照，其他环节由孵化公司完成，然后网红与孵化公司分享利润。

"大兰子"是一名专门做电商店铺产品展示的模特型网红，早在大学时代，"大兰子"因为颜值高就吸引了一批粉丝，通过在微博等个人社交平台上发布一些个人生活动态，一下子聚集了庞大的粉丝群体。

目前她的微博粉丝有40多万。随着粉丝量的不断壮大，"大兰子"与电商公司的合作也从起初的拍平面广告到利用个人社交平台参与销售推广，获得销售提成。

其实"大兰子"这样的网红与电商合作者并非孤例。很多网红在网络上或者是穿衣达人，或者是化妆达人……她们或多或少地拥有一两项技能，并拥有一大群粉丝，在参与到电商领域后，她们逐渐摆脱了仅仅依靠拍摄广告照片获得收入的单一变现模式。

目前，活跃在淘宝平台上的一些顶级网红年收入能够达到上千万元。一些不知名的电商公司，通过出让公司股权或者销售提成来吸引网红合作，这些网红将拍摄好的照片及商品链接发布到个人社交平台上，就会使产品的销量迅速上升，有的产品甚至能够从销量几乎为零迅速达到月销售额数百万元，可想而知，这些网红也因此获得了丰厚的利润回报。

分析上述这种模式不难看出，这种网红电商销售模式的优势在于引流。网红可以在短时间内为电商店铺带去爆发性的集中流量，这些流量来自成熟的社交平台，流量成本接近于零。

同时，由网红在社交媒体上亲身与买家进行互动，更容易建立买家的信任感，因此流量带来的转化率也很高。除去引流优势，网红在供需匹配度上发挥的效用也很大。网红在微博等社交平台上与粉丝就产品相关内容进行的互动，事实上就是一种市场需求调研的行为。

打造网红品牌

打造网红品牌产品的特色电商销售模式，一般是网红与合作方共同开发网红的特色品牌产品，利用网红的粉丝聚合能力为产品打下用户基础。

网红王大厨一款名为"王大酱"的牛肉酱在淘宝创出了10秒售罄的惊人销量。在上市后的三天内,王大酱以5秒300瓶、4秒300瓶、50秒3000瓶的销售量屡创奇迹。至此,这个为网红王大厨量身打造的品牌"王大酱"成功上市,并一鸣惊人。

网红王大厨在微博上颇有名气,其新浪微博的粉丝量接近93万,他经常在微博上展示自己研制的菜品,获得了粉丝的追捧。于是,在孵化公司的策划下,为王大厨量身定做的"王大酱"品牌孕育而生。

在产品上市前,王大厨在其微博晒出自己亲手熬制的牛肉酱,并开始在每次熬制完成后,以"随机抽取"的形式送给部分粉丝,配以牛肉酱拌面、夹馒头的图片,成功吸引了微博粉丝的关注。最后让这种只是一次的简单"分享"行为,发展成万人追捧等待送酱的局面。吃过的粉丝纷纷参与互动,"每一筷子都能夹到一大块牛肉"成了王大厨牛肉酱的特色。

上面的案例就是网红与孵化公司合作开发网红品牌的典型案例。这种合作方式,需要网红的粉丝群体具有高黏合度,同时,网红个人特色要鲜明,个人卖点要充分,网红要具备相当的人格魅力。

■ 自营模式

自营模式的网红淘宝店铺最初并不多见,这是因为电商各个环节的运作均需网红自己来实施,不仅耗费精力而且承担的风险较大。然而,随着一些自营店铺在淘宝平台的成功,越来越多的网红开始涉足经营环节,经营自己的品牌,管控供应链。

赵大喜和赵岩的店铺叫"大喜自制"。大喜担任模特，赵岩的主要工作是摄影，三年下来，店铺已是四皇冠。大喜和赵岩的微博粉丝数加起来不到30万，在网红中并不算多，但粉丝黏性极高。由于店铺内的主要款式都是由大喜亲自设计，因此产品带有强烈的个人风格，颇受粉丝喜欢。

由于国外的品牌发展路径基本是以创始人名字命名，其风格决定品牌基调，而中国的服装品牌很少有突出的创始人形象。因此，赵岩和大喜商议后决定，以突出人物风格的方式来做服装品牌。

供应链是挡在每个网红面前的一道难题，也是公认的最烦琐、最心累的环节。大喜自制在供应链上一直在摸索磨合之中。赵岩曾抱怨："大喜和版师之间的沟通非常困难，他们很难理解我们要的风格，通常就按照市面上一些常规款式进行打版；其次是生产环节，工期和质量都不能保证，一般的衣服制作过程中存在误差是正常的，但是对设计师款式来说，差一点可能整个气质就变了。"

鉴于自己不能把控供应链所造成的偏差，对细节要求严苛的大喜自制走向了自建供应链的模式——开工厂。

目前，这家工厂有100多个工人，在淡季时可以满足店铺的全部需求。店铺的核心设计款式放在自己工厂做，常规的搭配款就交给合作工厂。由此，大喜的设计想法可以更好地落地，供应链的反应速度也快了许多。

从出样衣拍美照，到粉丝评论反馈，随后挑选受欢迎的款式打版、投产，再正式上架淘宝店，在面料现成的情况下，这套流程的运作周期只需要一周。

自营网红店铺具有自己的特点与优势。淘宝服饰行业运营总监唐宋在谈到这一点时认为，电商平台网红自营模式的主要竞争力表现在：由于网红的时尚敏感度高、市场反应快，因此对产品的选款能力较强。下面我们一起来看一下传统的和网红模式的选款流程图。

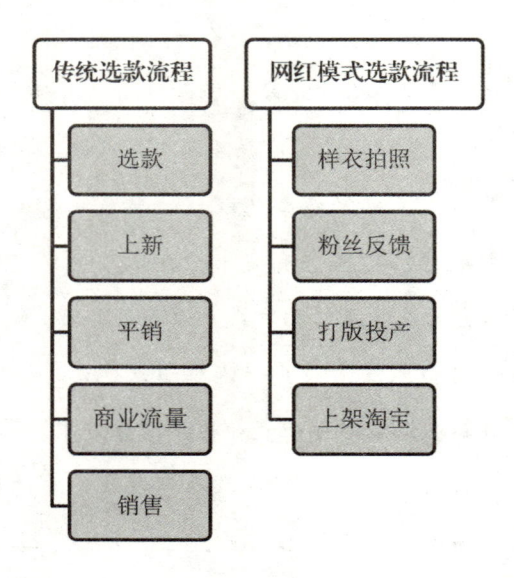

传统选款流程	网红模式选款流程
选款	样衣拍照
上新	粉丝反馈
平销	打版投产
商业流量	上架淘宝
销售	

传统服饰企业的运作流程是设计师设计产品、厂家生产、实体店上货，这一流程的商品周转时间过长。

网红店铺则采用买手模式，通过线上粉丝评论反馈进一步压缩挑选款式的时间，在有现成面料的情况下让粉丝在最短的时间内就能穿上与网红同款的服饰。

这种快速的周转满足了年轻消费者冲动消费和感性消费的特质。同时店铺普遍库存低，利润高。由于网红可携带自有流量，并不依赖推广活动，且粉丝忠诚度高，因此推广成本很低。

目前，越来越多的网红店铺开始走独立化运作的道路，但是在这一过程中必须要注意：如果网红店铺把太多焦点集中在网红个人身上，那么她吸引的也只能是特定人群，一旦网红爆出负面新闻，就会直接影响到店铺经营。

因此，网红在电商店铺中扮演的角色应该是品牌的引领者，而产品才是最重要的,只有当产品形成稳定风格,并获得了用户的认可,才能长久地立足于市场之中。

广告变现——网红最顶尖的变现方式

在网红经济3.0中,广告变现被普遍认为是最顶尖的变现方式。这种变现方式非常简单,这是因为双方采用的是直接合作的模式,而广告的价格往往参照以下三个因素。

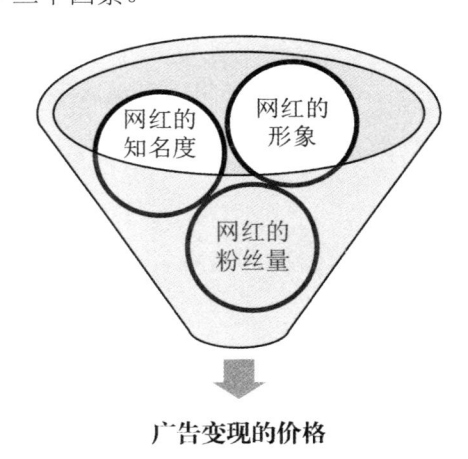

```
    网红的        网红的
    知名度        形象
         网红的
         粉丝量
              ↓
        广告变现的价格
```

现如今,网红在广告变现上的案例有很多。

新浪微博粉丝数超过154万的时尚博主网红"Ayuki黄美熙"就通过把广告植入微博内容来实现变现。她的微博广告植入一般是根据照片数量、文案广告的软硬程度、是否带链接等不同情况,对应不同的广告价格,一般每条微博的广告价格在4万~7万元。

既然广告变现是网红最顶尖的变现方式,那么网红应该如何实现广告变现呢?

综合目前网红变现的方式来说，网红实现广告变现主要依靠两种模式。

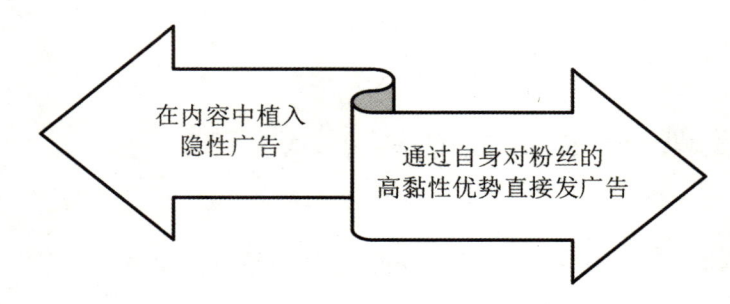

<在内容中植入隐性广告 ← → 通过自身对粉丝的高黏性优势直接发广告>

■ 在内容中植入隐性广告

网红的广告变现方式大多是依靠将广告植入所输出的内容中来实现的，因为广告容易使粉丝产生抵触情绪，因此在内容中植入广告一般都会采取比较"隐性"的方式。

段子手里歌唱得最好的网红薛之谦，就被认为每次植入广告都是"九曲十八弯"。

新浪微博粉丝数量为1164万的网红薛之谦已经建立了成熟的广告变现体系，由于其微博粉丝活跃度远超其他微博大号，因此他发布的长图文广告类微博的转评数经常能突破10万，阅读量高达数千万。

然而为了弱化广告带给粉丝的负面体验，薛之谦采用的是隐性的广告植入的方式，通过话题、段子，内容以自黑自嘲、无厘头恶搞为主，常常在叙述自身经历、和亲友奇葩互动的时候带出广告，效果斐然。

薛之谦的这种独特的广告呈现方式反而得到了大批粉丝的喜爱，广告效果自然超乎想象。有数据显示，在广告报价上，薛之谦的广告价格是30万元一条。其中，2016年3月单月发布9个广告，广告发布的大致频率为一周2~3个广告。

可以说，作为超级网红，薛之谦的广告变现非常成功。

■ 通过自身对粉丝的高黏性优势直接发广告

还有一类网红，通过自身对粉丝的高黏性优势，在社交平台直接通过"显性"方式来发布广告，也能起到不错的效果。

被称为"宇宙网红"的英国剑桥大学著名物理学家史蒂芬·威廉·霍金（简称霍金）在开通新浪微博后仅一个月便"吸粉"380万，他在2016年4月12日发出的第一条问候中国网友的微博已经被评论了41万次，转发40万次。

当这个对于大部分中国人来说只出现在教科书和科幻片里的科学家，第一次出现在新浪微博的时候，网友们就炸开了锅，不少网友表示他的出现拉高了微博用户的平均智商，并且很荣幸能和霍金有"宇宙级的对话"。因此，霍金也被网友们亲切地称为"宇宙网红"。

然而谁也没有想到的是，随之而来的便是他发布的第一条微博广告。虽然霍金的微博由霍金团队以及社交媒体公司Stradella—Road共同管理维护，但是微博简介处有说明，只要是带有SH落款字样的内容，均来自于霍金教授本人，因此这条广告出处无疑是霍金教授自己。

这条广告内容直白，丝毫没有掩饰的意思，不禁让人慨叹，如果微博上有哪个名人打广告能不让大家厌烦，甚至是争先恐后地评论转发，则非霍金莫属了。

实际上，具有影响力的人物的微博并不少见，他们也大都已经商业化，可是像霍金这样通过一条广告就能引来多家媒体密集式的曝光却并不多见。这条广告的传播早已超出微博的范畴，让人不得不钦佩霍金教授身上强大的粉丝聚合力与粉丝黏性。

网红广告变现在网红经济里是一种顶尖变现模式，它类似于明星广告、明星代言的形式，对网红的知名度、影响力与粉丝量要求比较高，中小网红一般不具备承接广告的能力。

因此，如果希望通过这种模式进行变现，你就必须练好内功，从提升输出内容质量、提升粉丝数量级别、提升自身形象魅力、提升自我商业价值这几个层面来实现网红进阶，为自己开辟广告变现通路。

打赏变现——网红变现的特殊渠道

随着新媒体的发展，一些新的功能出现在新媒体上，"打赏"就是其中之一。随着许多平台推出了打赏机制，"打赏"也很快成为网红变现的一个特殊通路。

"打赏"已成为互联网上，游戏玩家间、主播与观众间、原创作者和读者间非常流行的时髦互动方式。目前微信公众号、微博、在线阅读平台、在线直播平台甚至像喜马拉雅FM这样的音频分享平台都相继开通了打赏功能。

"唐门三少被读者打赏1亿起点币"的事件是在线阅读平台发生的标志性事件。化名"zxingli"的书友连续"打赏"唐门三少10次，每次打赏1000万起点币，总打赏金额折合人民币100万元。从该书友的留言中可以看出，他追看唐门三少的小说已有6年，他打赏的理由是"献给10年不断更的日子"。

在线阅读平台的打赏机制推出得要早一些，模式也清晰简单，即只要读者看中了喜欢的作品，就可以给作者"真金白银"的赏钱。而"赏钱"由网站和作者按比例分成。

随后不久，微博也向所有用户开通打赏功能，至今已有超过百万用户使用过打赏功能。一篇文章能够满足读者的喜好，或者有很强的实用价值，读者就会打赏作者。一般而言，财经、医疗、彩票分析、文学领域的作者更容易被打赏。

微信平台的打赏功能只限于公众号，被打赏的公众号作者将会获得读者的"小费"，用户可以直接选择设置好的2元、20元、50元、80元、100元和200元金额，也可以自行输入其他金额。"赞赏"付小费通过微信来支付。

而对于直播平台，打赏更是家常便饭。直播平台采用虚拟礼物的打赏模式，用户用现金在网站兑换虚拟礼物，然后在直播间内把虚拟礼物送给自己喜欢的主播。

那么，对于网红而言，如何才能更多地获得粉丝的打赏呢？主要有以下五大技巧。

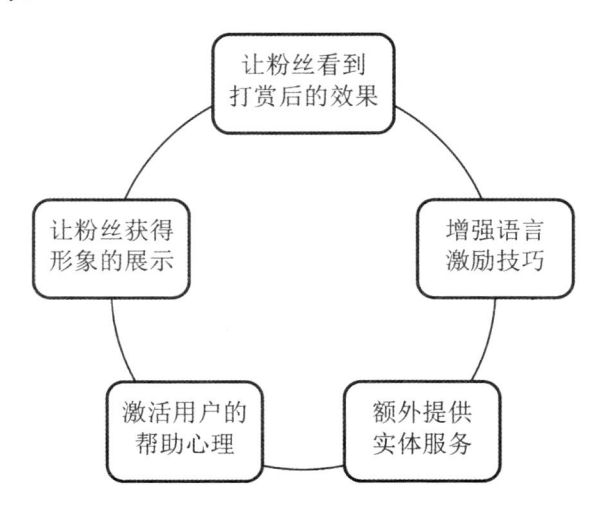

```
          让粉丝看到
          打赏后的效果
    让粉丝获得          增强语言
    形象的展示          激励技巧
    激活用户的          额外提供
    帮助心理            实体服务
```

■ 让粉丝看到打赏后的效果

想要获得更多打赏，你就要让粉丝看到打赏后的效果。这里面的逻辑是你需要让帮助你的粉丝觉得自己扮演了重要角色，从而激活更多粉丝的帮助心理。

例如，网红咪蒙就曾多次在文章中写到，多亏了粉丝的帮助，让自己公众号的广告转化率特别高。这让粉丝们感觉到自己的支持行为真正帮助到了咪蒙，从而不断增加对她的支持。

■ 增强语言激励技巧

为了增加粉丝的打赏，网红在语言激励上也有很多技巧。没有经验的网红往往会这样求赏："来给我打赏吧。"这句看似简单的话其实是给了粉丝一个"到底要不要打赏"的选择。而对于有经验的网红来说，他们会这样表达："亲，你打算打赏多少？"这时候粉丝的选择就变成了"到底要打赏多少钱"，此时打赏变成了一种默认行为。

■ 额外提供实体服务

除了提供虚拟服务外，如果网红能够附加提供一些实体服务，那么就能够获取更多的打赏。例如，网红小马宋公众号平时发布很多有价值的文章内容，但获得的打赏并不多。有一次他在文章后附送了一本电子书的下载链接，并且让大家自愿打赏，结果打赏的效果就好得多。这是因为对于用户而言，电子书更加实体化，与打赏联系起来会有一种值得去交换的感觉。

如果能够让粉丝感觉你在与他们的交互过程中承担了很大的个人损失，那么他们就更容易产生负罪感，这种负罪感会增加打赏行为的概率。例如，有的作者会这样说："为了写这篇文章，我周末都没有去陪家人。"有的女主播会这样说："因为整天在网上陪你们，我的男朋友都离我而去了。"

■ 激活用户的帮助心理

你要让别人觉得你是以写作为生，或者是以直播为生的人。街头卖艺的人往往会获得人们的打赏，酒店的服务员也是如此，这是因为在人们的意识里，街头卖艺者是靠卖艺为生，而服务员则是固定收入非常少，需要靠小费来作为收入的主要来源。

有大量的研究发现，那些觉得服务员固定收入很少的顾客更加倾向于给小费。所以，当别人感觉你是以此为生，以此为重要收入来源的时候，就会主动提供打赏。

打赏的另一种心态是觉得被赏者需要帮助。例如，人们选择给街边卖艺的人打赏，其中一个重要的原因是觉得他们需要帮助。而这种帮助别人的行为，会让人们获得快乐情绪和积极向上的心理体验。

所以对于网红来说，要想办法激活用户的帮助心理。这就要求应摆低姿态，给粉丝一种"别看我是网红，但是我比你们还穷"的感觉。当让粉丝产生优越感的时候，便更容易激活他的帮助心理，从而主动提供打赏。这就是很多主播即使很有钱，仍然在看起来廉价的房间里直播，并且喊着粉丝"土豪"的原因。

网红经济 3.0

■ 让粉丝获得形象的展示

例如，直播间里主播总是会不厌其烦地播报打赏粉丝的ID及打赏礼物名称和数量，并表示感谢。这些行为不仅会提升打赏粉丝的好感度，更会对其他粉丝形成感官刺激，促使其他粉丝实施打赏行为。

综上所述，随着打赏功能的普及，它在网红变现方式中逐渐占据了重要的地位。

由于"打赏"行为的特殊性，它频发于网红与粉丝的互动过程中，而在不同类型的社交平台，获得打赏的难易程度有所不同。直播平台由于具有即时互动的特性，因此网红最容易获得粉丝打赏，而微博与微信等图文形式为主的社交平台获得打赏更多依赖于网红输出内容的质量。

粉丝变现——激活粉丝购买力，释放网红经济能量

在网红经济圈里，粉丝变现是所有营销模式的核心目标。在其他类型经济中，变现总是具有较高难度的，而在网红经济里，网红们依靠强大的号召力与粉丝黏性，实现这一核心目标手到擒来。

"粉丝"这个词的叫法源自英语单词"fans"。美国麻省理工学院教授亨利·詹金斯指出：粉丝是"狂热地介入球类、商业或娱乐活动，迷恋、仰慕或崇拜影视歌星或运动明星的人"。

当粉丝的数量变得庞大和有组织时，就形成了"粉丝族群"。粉丝族群便是众多粉丝围绕某一明星形成的一种具有一定形式和规范的组织，其中最具代表性的是以互联网为媒介的在线粉丝族群。网红的粉丝

群体就是典型的"粉丝族群"。

为什么网红能够令粉丝变现变得如此容易？

■ 网红让粉丝变现容易的根本原因

首先我们需要了解在如今这个新媒体、自媒体极速发展的时代背景下粉丝的特征才行。新媒体时代粉丝具有以下四大特征。

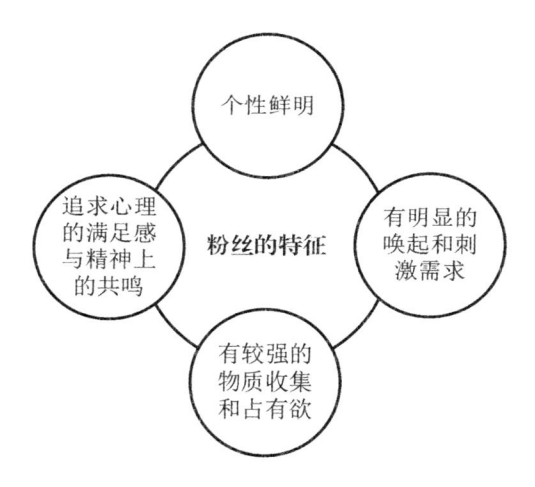

粉丝的特征：个性鲜明、有明显的唤起和刺激需求、有较强的物质收集和占有欲、追求心理的满足感与精神上的共鸣

粉丝的这些特征越明显，说明粉丝对归属感和认同感的渴望就越强烈。我们可以把粉丝分为以下三类。

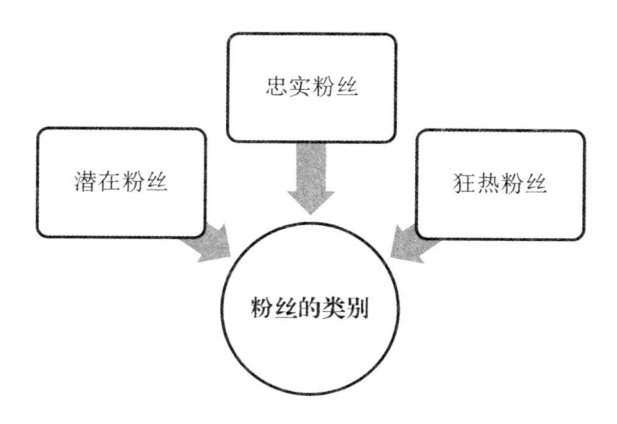

粉丝的类别：忠实粉丝、潜在粉丝、狂热粉丝

潜在粉丝是以观赏和休闲娱乐为动机，只受崇拜对象的外在影响，他们对崇拜对象的投入、参与程度都较低，产生的消费行为也较少。

随着对崇拜对象认同和依恋程度的加深，崇拜对象的言行会不断使粉丝产生兴奋感、认同感和归属感，并逐渐影响粉丝的价值观和生活方式，使粉丝开始产生依恋和忠贞等内在情感，达到这一程度的粉丝便是忠实粉丝。

忠实粉丝能突破时间和空间限制，对崇拜对象的投入、参与程度都较高，因此而产生消费行为的概率也较高。

少数的忠实粉丝由于存在一定的病态心理，实施过于情绪化的、不理智的，有时甚至是破坏性的、违反社会规范的行为，他们则被称为狂热粉丝。

下面我们再来看看网红经济的粉丝族群的基本特征，它包含以下三点。

- 群体成员特征呈现多样化
- 通过新媒体进行社交
- 内部组织的规范化

群体成员特征呈现多样化。曾经青春期的少男少女是追星族队伍的主力军，而如今在粉丝群体中打破了年龄的界限，不再仅限于某个年龄段。从粉丝的职业分布来看，粉丝覆盖了社会的不同职业层次，从学生、白领到行业精英；从收入角度来看，它包含了零收入到高收入的各个阶层人群。

通过新媒体进行社交。以互联网和移动互联网为代表的新媒体为粉丝提供了社交条件，使其深度参与成为可能。粉丝除了在外形和行为上模仿崇拜对象外，还利用新媒体，影响媒体报道和大众对其崇拜对象的态度，甚至能够对抗媒体制造的负面新闻。

内部组织的规范化。粉丝族群摆脱了追星族时代一盘散沙和乌合之众的情况，有明确的成员关系和群体意识，同时具有一致行动的能力。组织的规范化不仅加深了粉丝组织内部的相互理解，保持族群的相对稳定，还保护族群不受外界的影响，有效地维系了粉丝族群的凝聚力。

基于上述粉丝特征，网红们在引导粉丝变现的时候所施加的影响力无不是针对于此，效果如何，不言而喻。

■ 通过把影响力持续不断地施加给粉丝，引导变现

对粉丝影响力的加深令网红成为其"粉丝族群"的标杆，比如"国民老公"王思聪，作为网红的他有非常强的影响力。

王思聪在微博中小小的举动都能引起媒体的争先报道，粉丝的追随行为更是达到了"令人发指"的程度。类似王思聪这样的网红还有很多，通过把影响力持续不断地施加给粉丝，最终会实现粉丝的变现。

在2016年淘宝女装店铺销售排名前十中，网红店铺占6家，网红们的粉丝变现能力得到了最好的诠释。

难怪淘宝服饰类目行业市场总监唐宋表示："网红在社交平台上拥有大量粉丝，粉丝的忠诚度出奇地高，比如一位有50万粉丝的网红，轻

松就能得到4万多人次的回报,这种强大的变现能力使'网红'变成了一种生产力。"

那么,网红的这种"超自然"的影响力从何而来呢?

"互动"是新媒体时代最重要的关键词,各种互动式网络平台的出现让原本形如散沙的粉丝找到了凝聚成为团体的途径,便捷、迅速、即时的通信网络也为粉丝们打开了即时互动的通道。

具备了这些条件,网红与粉丝的交流是在无障碍、无时间差的条件下进行的,对粉丝的影响可以达到即时与反复,这就是网红影响力的来源。

网红们花费大量时间来打理新媒体,微博、微信、视频直播间等都成为网红与粉丝建立感情纽带的桥梁,其目的就是通过互动对粉丝施加影响。

■ 网红魅力价值的独有诠释

根据统计,顶级网红的粉丝转化率为20%,普通网红只要粉丝数量足够多,这一比例也能够维持在5%以上。这其实是一个相当可观的数字,以粉丝数量在百万量级的网红为例,如果粉丝转化率达到20%,则意味着将有20万粉丝进行了变现。

实际上,网红店铺所销售的产品在技术或质量上并不比其他同类产品有实质性的提升,但为何更能获得粉丝青睐呢?

答案就在于网红推销的产品让粉丝获得在产品之外的情感价值和体验。在小众市场上,满足顾客更具个性化的需求,这为普通产品带来了品牌溢价或者说软价值。

另一些值得注意的现象是：在网红的粉丝群体里，同一个粉丝重复变现的情况会经常出现，这在转化率的数据中是看不到的。另外，一个粉丝高额变现的行为也同样不会反映在数据中。然而这些行为却大大提升了网红粉丝资产的变现数值。

CC是来疯平台的一名网络主播，拥有近2000名粉丝，每月收入过万元，有32人充值成为他的"守护神"，帮助他管理粉丝。根据平台规则，一个人开"守护"一个月，就需要人民币588元。一旦过了时限，这些"守护神"就需要继续充值来延长守护时限。在网红的世界里，这种粉丝重复变现的例子比比皆是。

2016年年初的一个新闻对网红粉丝高额变现的行为做了最好的诠释：在某直播平台上，一位神秘粉丝一次向一位女主播打赏了100万元。这样的土豪手段，惊呆了所有看客，而这位神秘粉丝送完钱之后就下线了，谁也不知道他是谁。虽然这样的行为只是个例，但是一些10多万元的打赏在直播平台上是经常出现的。

如此高的变现效率一方面展现出网红的个人魅力，另一方面也展现出了网红经济的魅力，显然它具有不可复制性与个性化色彩，是网红魅力价值的独有诠释。

直播变现——个人影响力变现的最佳渠道

2016年，互联网领域的一个现象级事件引起了人们的广泛关注：1987年出生、毕业于中央戏剧学院导演系的"papi酱"，在2016年3月获得了真格基金、罗辑思维、光源资本和星图资本共计1200万元的融资，其粉丝数量突破1200万。2016年4月21日，以2200万元拍出首条贴片广告后，papi酱成为新媒体第一个标王，被称为"2016年第一网红"。

另一个引起人们广泛关注的是视频直播行业。这个以电竞业为基础的领域，在2016年开始全面布局移动化和泛娱乐化产业，展现出巨大的商业价值，吸引了更多的参与者。

欢聚时代向虎牙和ME直播投资了10亿元，并以1亿元巨资签约电竞主播MISS；腾讯向斗鱼直播投资了4亿元，让后者的估值达到10亿美元；昆仑万维、复赛等向成立不久的社交视频直播应用映客联合注资8000万元人民币；归入阿里巴巴旗下的陌陌也顺势推出了直播视频社交模式，使自身估值达到10亿美元；易直播完成了6000万元人民币的A轮融资；360、秒拍、Msee、美拍等平台也推出了相应的视频直播软件和功能……

将上述事件综合起来分析，可以发现网红产业在2016年快速崛起并受到广泛关注，实现了更快更好的发展：网红从特例化、小规模，发展为具有更大价值的规模性产业；个人IP价值将借助直播等多元化方式实现指数级增长；网红的变现模式也从单一的秀场转变为"秀场＋知识＋社交"的方式。

总体来看，直播特别是移动直播时代的到来，使网红摆脱了以往中心化平台的变现方式，个人能够通过直播平台实现更加快速、便捷的影响力变现。

那么，网红如何通过直播实现变现呢？下面我们将传授网红直播一些实用的直播技巧。

第9章 网红变现：打造多元化的盈利渠道

■ 选择合适的直播时间

网红在开始直播之前要做的第一件事就是选择合适的开播时间，时间一旦确定就不要轻易更改。我们根据直播观众活跃程度的时间段，总结出以下两个适合网红的开播时间。

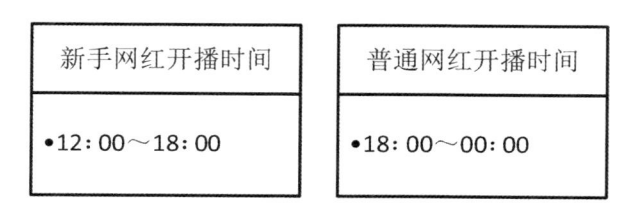

新手网红开播时间	普通网红开播时间
•12：00～18：00	•18：00～00：00

直播观众的观看习惯大多是上线后首先查看自己订阅的网红主播，然后根据对订阅主播的喜爱排序和网红主播当天直播的内容选择观看的频道，这对于缺少订阅的新手网红来说是很不利的。新手网红主播需要了解同类内容主播的直播规律，避免与他们的直播时间重合，最好先把自己的直播时间设定为在早晨或下午的空当时段，吸引到足够的观众和订阅后再视情况更改。

■ 准备好背景音乐歌单

确定好直播时间后，还要做好其他方面的功课。比如准备好背景音乐歌单。在这里建议网红主播尽量选择节奏欢快的歌曲，一般大家看直播，都是希望能够玩得开心。

同时，新手网红主播聊天技巧欠缺，需要用嗨歌的节奏来弥补直播间的氛围，过多的慢歌会让观众有种昏昏欲睡的感觉。

唱歌技巧好的主持人可以多选择一些有难度的歌曲。唱歌技巧一般的主播可以多选择突出自己风格和声音的歌曲。

■ 任命房间管理员

房间管理员是被网红主播赋予了禁言权限的观众，如果有观众在直播弹幕中发布广告或者是乱带节奏、骂人，房间管理员可以在一段时间内禁止这个IP发送弹幕。

任命房间管理员的具体操作方法是这样的：

进入到直播平台的个人中心，网红主播可以在直播设置页面中任命和撤销房间管理员。

因为房间管理员具有权限，而且在弹幕中有明显的标识，所以很多观众都对房管趋之若鹜。大多数的网红主播会选择那些在线时间长，并且比较熟识的观众做房管，以免房管胡乱封IP引发其他观众的不满。

新手网红主播因为观众较少，熟悉和了解的观众更是无从谈起，那么新手网红主播如何任命房间管理员呢？具体的方法有以下两个。

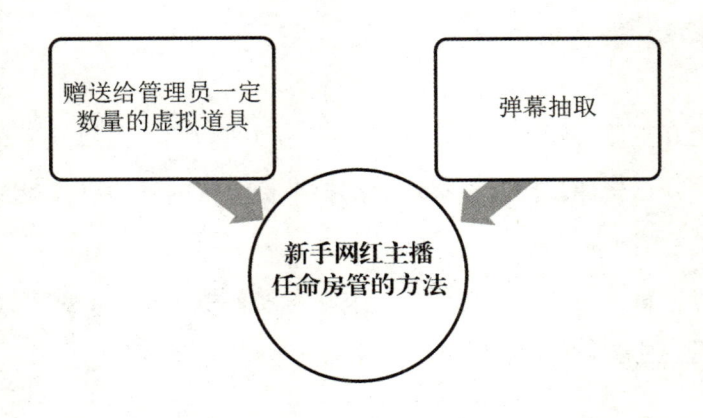

赠送给管理员一定数量的虚拟道具 → 新手网红主播任命房管的方法 ← 弹幕抽取

这两个方法既有助于提升直播间的人气，也可以培养第一批的固定观众。如果想要通过以上两种方式来任命房管，那么事先要利用直播公告向观众具体讲明任命房管的方式、人数和禁言原则，以免观众产生异议。

被任命的房管最好都加入到主播的QQ群或微信群中，这样主播既便于管理房管，同时又可以让房管帮助主播管理群组。

■ 争取订阅

网红直播是一份需要"一心二用"的工作，既要操作视频，同时又要与观众交流沟通。刚开始直播时出现紧张和操作失误等状况是正常的现象，很多时候观众反而乐于看到网红主播的失误，他们最不喜欢的是那些埋头于直播而不理会弹幕的网红主播。

新手网红主播最怕的是冷场，观众们不发言说明他们对直播的内容提不起兴趣。如果实在找不到调节气氛的话题，可以向观众征询对自己的直播内容和直播风格的看法和意见，这样既有助于提高自己的直播水平，也可以拉近彼此的距离。

还可以充分利用弹幕点歌插件，通过引导和评价观众点播的歌曲来调动直播间的气氛。一旦直播氛围被带动起来，主播要不失时机地向观众们推荐订阅频道，并且向观众们说明自己的直播内容和直播时间段。

- 树立形象

经纪公司会刻意为明星包装和树立形象，在这个方面，超级网红主播们同样做得很好。很多超级网红主播都有自己的口头禅和独有的调动观众气氛的方式。

比如说SOL君，观众们自然就会想起他的元气弹和《热烈的决斗者》。提到风行云，观众们就会想起"瓦不信"和"瓦不服"。

除了特有的口头禅以外，有些网红主播还会树立一个反差极大的形象。如星际老男孩的"毒奶"和Nostalie的"舞男"。

这些口头禅和形象在观众们的发挥下会产生大量的笑料和"梗"，从而在直播间中产生源源不断的话题。

- 增进交流

大多数的网红都会在直播画面和直播公告中注明自己的微博地址和交流群。因为网红主播的本质是自媒体的一种，要想增加收益，最常规的营销方式就是通过直播吸引更多的粉丝，然后通过交流和培养，与粉丝产生更紧密的关系，从而将营销策略由说服转变为让粉丝主动消费。

微博、微信和QQ群等网络社区都是增强主播和观众关系的平台，与直播间的开放环境相比，QQ群和微信朋友圈能使观众感受到更好的沟通氛围和归属感。

大多数的直播平台都提供了贡献榜的功能，如下图所示。

贡献榜中的观众对于网红主播来说肯定是最优质的核心观众。除了他们以外,房间管理员、发言活跃的观众也是重点发展的对象。

第 10 章　网红经济 3.0 的未来：网红模式的可持续发展路径

网红经济，是人们在互联网时代追求自由价值的一种实现途径。在未来相当长的一段时间里，网红经济将保持高速增长。人们对文娱产品消费需求的多元化，也会推动网红经济朝着多元化的方向不断发展。未来网红经济会走向何方，是本章需要探讨的问题。

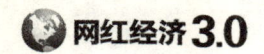

网红经济 3.0

网红经济未来千亿级市场的瓜分者

当前,网红经济的市场规模已经达到上千亿元,未来几年在资本巨头的不断涌入下,该行业还将迎来爆发式增长。从整个网红经济的发展来看,随着产业的不断完善,不同影响力的网红将会被分为不同的层级,并产生各自不同的商业模式,最终形成一种相对稳定的金字塔结构。

网红经济的稳定推了整个产业链的发展,尤其是以下四大行业发展最为火热。未来,以下四大行业将会成为网红经济这个千亿级市场的主要瓜分者。

网红电商	网红直播
网红经济未来千亿级市场的瓜分者	
电竞网红	美容医疗

■ 网红电商模式为传统行业带来发展机遇

从当前的发展情况来看,通过电商实现网红经济变现是一种较为主流的方式。

以淘宝店为例，在2016年"双11"购物狂欢节期间，有几十家网红开设的淘宝店铺销售额达到了几千万元。有的网红在淘宝店铺刚开业时，结合一些促销打折活动，一天的销售额就可以达到几百万元甚至是上千万元。

淘宝官方给出的数据显示，2015年淘宝女装销售额前10名的店铺中，网红店铺有6家。与普通的淘宝商家相比，这些网红店铺可以更加精准地满足消费者的需求，而且用户流量成本极低、转化率极高，其产品销量普遍较高、盈利能力较强。

决定网红店铺盈利能力的主要因素包括以下三个。

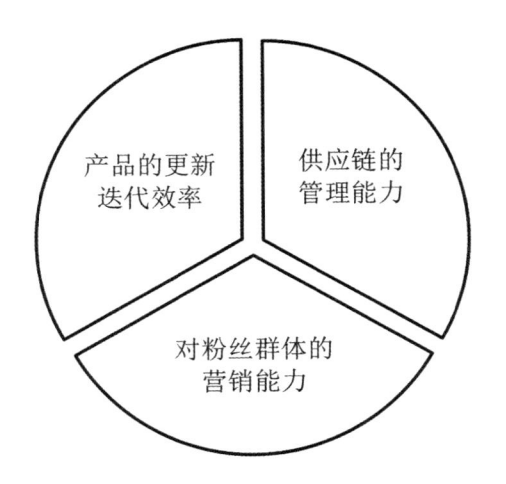

产品的更新迭代效率

供应链的管理能力

对粉丝群体的营销能力

在网红与社交电商深度融合的年代，电商平台将在未来网红产业的发展中扮演十分关键的角色。目前，一些电商平台开始尝试引入一些优质的网红入驻平台，比如淘女郎推出的网红报名活动等。

近年来，由于产品同质化严重及电商行业的巨大冲击，服装产业的利润率大幅度降低，许多品牌服装也遭遇了严重的库存问题。而时尚类型的网红主要就是通过在淘宝上开设店铺，销售女装来实现价值变现，这无疑为以服装产业为代表的众多传统行业带来了新的发展机遇。

截至2016年12月，我国A股市场中有电商平台业务的挂牌公司为华斯股份、南极电商。

2016年5月，华斯股份入股移动社交电商平台微卖，凭借30%的股份成为微卖的第二大股东。两个月后，新浪微博与微卖达成战略合作，新浪微博将为微卖提供用户流量、社交数据、产品运营等方面的支持。

南极电商是一家服务于小微供应商及电商的第三方综合服务商。其主营业务主要包括供应链管理、营销推广、品牌授权及电商生态综合服务等。目前，该公司的利润来源主要是品牌授权，毛利率可达95%。下一阶段，南极电商将以柔性供应链切入网红经济，主要通过以下两种方式展开。

一是与现有的网红店铺进行合作，成为其服务商及代理运营商。南极电商将负责产品生产及店铺运营，而网红店铺则主要负责品牌输出，双方将以销售分成或者入股分红的方式来共同分享利润。

二是打造网红孵化器，提供网红孵化服务。南极电商将凭借其在电商营销推广方面的强大优势，打造出一批竞争力强、发展前景广阔的自营网红店铺。

■ 直播行业快速爆发

在受到网红经济影响的行业里，视频直播行业是近两年来被影响最大的行业。由于"即时"与"互动"的属性，在视频直播平台上的活跃用户正在不断发展壮大中。

网红经济催生了直播行业的快速爆发，截至2016年下半年直播行业的市场规模超过115亿元，用户数已经超过4亿。

以直播平台为例，大型直播平台每日高峰时段有数千直播间同时在线，用户数达数百万人次。比如斗鱼平台每天访问量高达3000万次，晚上高峰时段常有10000位主播同时在线开播。

在数以万计的直播网红背后，直播平台显然已经成为网红的主战场。难怪短短的两年多时间拥有秒拍、小咖秀、一直播的"一下科技"已经估值25亿美元，其中秒拍装机量已突破10000万，小咖秀日活跃用户量达到700万，注册用户超过1800万。

有数据显示，目前已有108个直播平台完成或即将获得融资。从这一数据我们可以看到视频直播行业在网红经济带动下获得的巨大发展潜力。

在开放的直播互动平台里，网红作为主播已经成为直播平台最受关注的资源，其背后的粉丝群体所带来的巨大传播效应和经济效益让视频直播行业的发展规模迅速增大。

以《英雄联盟》超越大使周杰伦进行的游戏直播为例，在直播当天，参与直播的周杰伦和直播平台以及游戏本身，都成了互联网与娱乐界的热门话题，据视频源的提供方——腾讯视频统计，当日直播结束后观看的人数超过了1600万人次。

视频直播行业在网红经济推动下发展出了新的商业模式。目前视频直播生态圈中的主要组成部分是直播平台与网红，在他们背后分别对应着直播平台公司与网红服务公司。直播平台公司近两年的发展态势处于明显上升阶段，而网红则形成了依附于直播平台获得自身收益的盈利模式。

除了PC端之外，直播平台正在将直播扩展到移动端，视频内容涵盖赛事、演唱、化妆、钓鱼、做饭等生活的各个细节，实现了观众和主播之间以及观众之间的互动，以此来最大限度地利用网红的影响力促进平台的发展。

■ 电竞网红2017年将突破亿级大关

市场研究机构发布的数据显示，2016年全球游戏市场增长率达到10%，包括PC、主机、手游在内的全平台产生的总收入为625亿美元。2016年，全球收入最高的游戏是腾讯旗下的Riot Games开发的英雄联盟，年收入为22亿美元。

自2010年以来，在地下城勇士、穿越火线、英雄联盟等游戏的推动下，我国的电竞产业发展十分迅猛。据艾瑞咨询发布的数据显示，2016年中国的电竞用户人数为15200万人，预计2017年将突破亿级大关。

电竞产业的快速发展，催生了大量的直播平台、游戏主播及电竞俱乐部。在网红群体中，电竞男主播具有极高的知名度及极大的潜在商业价值。

随着电竞产业的快速发展，许多游戏主播组建了专业的团队，帮助自己进行优质内容的创作、品牌合作、宣传推广等。由于游戏主播有对服装及直播场景进行设计的强烈需求，一批专门为游戏主播提供服务的经纪公司也纷纷涌现，整个游戏直播产业正在向商业化、专业化及系统化的方向发展。

当然，游戏主播实现价值变现，需要有火爆的游戏、电竞行业的健康稳定发展及电竞直播平台等作为支撑。目前我国游戏直播平台主要有以下四个。

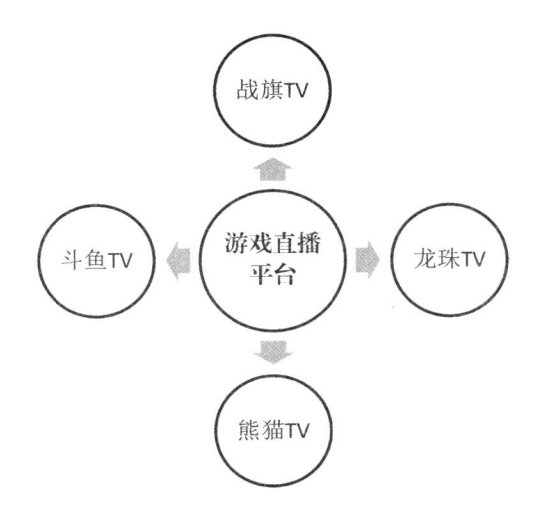

```
        战旗TV
          ↑
斗鱼TV ← 游戏直播平台 → 龙珠TV
          ↓
        熊猫TV
```

■ 相对封闭的医疗美容产业迎来重大变革

网红群体的风光生活，让许多人想要成为拥有大量粉丝的网络红人，甚至不惜通过美容、整容等方式提升自己的吸引力。由此，医疗美容产业也迎来了新的发展机遇。

在我国，由于医疗美容产业仍处于起步阶段，相关的技术、服务与发达国家相比还有一定的距离。近年来，我国的医疗美容公司也在积极引入国外先进的技术、管理经验及机械设备。未来，我国在医疗美容设备生产、技术培训及美容服务等领域也会出现一些行业巨头。

据统计，我国有上万家美容整形医院，但是它们大都分布在经济比较发达的一线和二线城市。目前，我国在医疗美容行业较为领先的公司主要有伊美尔、华美及时光整形等。医院是整形产业最为主流的载体，而且随着行业监管力度的不断增加，未来它将成为最为核心的用户入口。

此外，由于韩国的整形技术十分先进，许多中国的整形机构为了吸引消费者，与韩国整形医院建立了战略合作，甚至部分整形机构直接收购了韩国的整形医院。我国的医疗美容产业有着巨大的发展前景，这对于那些拥有技术、品牌、渠道等优势的企业而言无疑是一次重大的发展机遇。

随着"互联网+"掀起的传统产业"触网"热潮，相对封闭的医疗美容产业也迎来重大变革，其内部流程塑造及与其他行业的跨界融合，将会成为未来的发展趋势。整个行业的信息壁垒将会被逐渐打破，产业各层级之间将会逐渐实现信息互通。更为关键的是，在互联网公司及资本巨头的涌入下，整个医疗美容产业链的深度及广度将会得到大幅度提升。

目前，我国A股市场挂牌的医疗美容上市公司主要包括苏宁环球、华东医药等。2015年1月13日，苏宁环球与韩国ID健康产业集团达成战略合作，双方将在中国成立合资公司。作为成立合资公司的前置条件，苏宁环球将购买韩国ID健康产业集团30.53%的股份。

华东医药则取得了韩国LG玻尿酸中国总代理权，玻尿酸在整形美容产业中有着极其广泛的应用。此次合作是华东医药公司在整形美容领域的一次有益尝试，韩国LG作为一家通过欧盟CE认证，原料通过欧洲EDQM及美国FDA认证的国际知名品牌，其产品具有较高的安全性，这将有助于华东医药在医疗美容产业上建立起良好的口碑及企业形象。

网红经济规模化发展的主要内容

由于新媒体技术的发展与完善，导致商业营销的传播模式也在发生变化，如精准广告、电子商务、网络社区、网络视频、网络电视等模式的迅速兴起，打破了以往的商业规律，为社会带来了新的经济亮点，也为网红经济3.0提供了可持续的发展路径。

在网红经济3.0的未来发展中，规模化是其发展的一个重要方向，它主要包括以下几个方面。

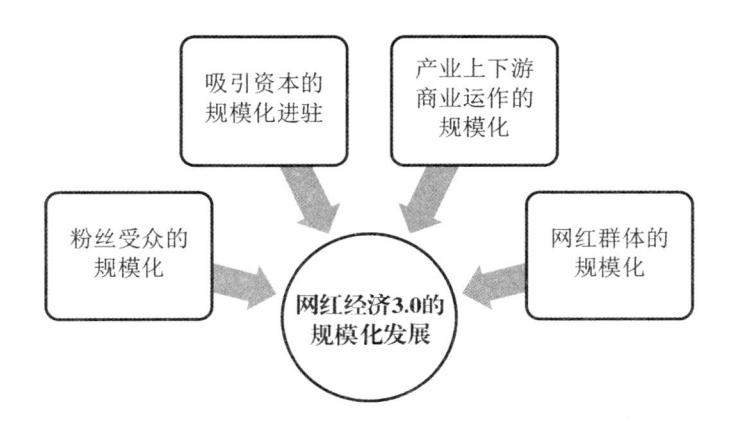

```
                吸引资本的              产业上下游
                规模化进驻             商业运作的
                                        规模化

    粉丝受众的         网红经济3.0的          网红群体的
    规模化            规模化发展            规模化
```

粉丝受众的规模化

从粉丝受众的角度来看，在未来，网红把粉丝群体按照兴趣喜好来进行划分时将呈现更加细分的局面。

例如，在喜欢音乐的粉丝群体里又会以不同音乐形式来分类组合（如流行音乐与古典音乐，甚至细分到某个音乐家），从而形成更加个性化与细分化的粉丝族群，并直接导致族群的数量规模暴增，这便是粉丝受众族群规模化的发展方向。

为了迎合粉丝群体族群化的特质，网红群体也势必会根据族群分类进行垂直分类，网红族群领袖的形象将更加具象化。

吸引资本的规模化进驻

资本进入网红经济已经成为事实，随着网红经济规模的持续扩大，资本进入的速度与规模也会随之扩大。我们有理由相信papi酱的商业纪录在未来很可能会被打破。更多实力资本的涌入将为网红经济注入更多活力，从而让产业链实现更顺畅的流转，同时促使网红经济生态圈生生不息地繁衍下去。

产业上下游商业运作的规模化

随着网红经济涵盖的领域越来越多，为了满足粉丝群体的需要，在产业链上游，经纪公司规模化引入网红人才的商业行为可以想见，网红经纪公司的数量也将呈现规模化增长趋势。

随着网红规模开源后的增加，在产业链下游，孵化公司与电商平台的增长规模也会同时扩大，整个产业链的参与个体数量将呈现明显上升趋势，从而带动网红经济规模持续增长。

网红群体的规模化

不同类型网红从业人数的规模化发展将是未来网红经济走向规模化的一种突出表现。根据《2016中国网红经济白皮书》中的数据显示，目前我国网红的人数超过150万，最常见的可以分为四种类型：视频直播，自媒体，新闻事件与内容创作。

其中以视频直播的网红数量最多，为了更直观地展现网红的发展规模，我们以下图来示意。

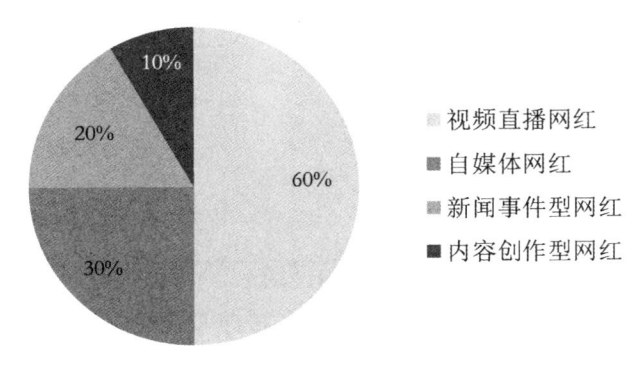

第10章 网红经济3.0的未来：网红模式的可持续发展路径

网红类型比例图

其中，视频直播网红主要得益于新媒体平台视频直播形式的风靡；微博、微信等自媒体平台的出现为自媒体网红提供了直达用户的传播渠道；新闻事件型网红主要借助新闻事件聚焦眼球的特性来吸引用户关注；内容创作型网红则通过输出高质量的原创内容获得用户青睐。

在未来，网红群体发展的规模化还将加剧，由于互联网高质量内容的稀缺，内容创作领域将是网红规模化发展的重点领域。在这一领域，目前市场需求还远远没有饱和，甚至可以说呈现稀缺态势，因此能够输出符合粉丝需求的高质量内容的人都是具有潜在网红基因的发展对象。

网红经济3.0实现持续发展的四大法则

网红经济从1.0到如今的3.0，经历的时间并不长，然而它却能在如此短的时间内实现了快速发展，这样的速度着实让人叹为观止。我们都知道，互联网最大的特点就是更新换代的频率非常高。这不仅仅表现在电子技术上，同样也反映在经济模式上。

通常来说，一个新的经济模式替代某个旧的经济模式往往需要两到三年时间，所以网红经济3.0作为发展起来的新兴经济模式，要想实现可持续发展就必须遵循以下四大法则。

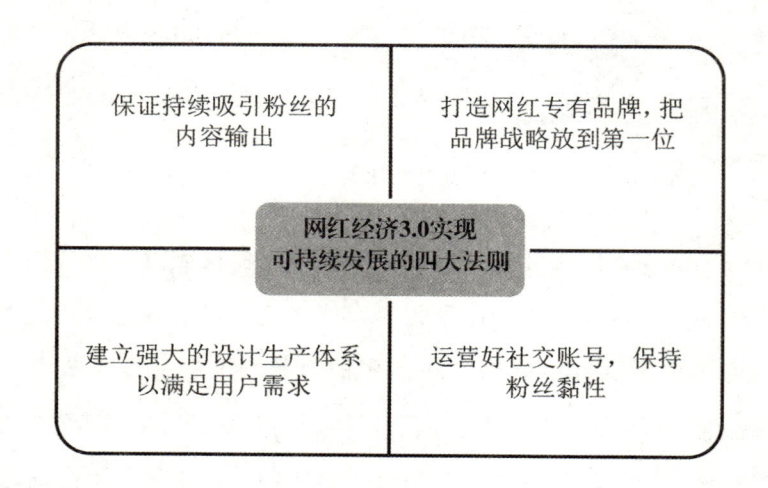

```
┌─────────────────────┬─────────────────────┐
│  保证持续吸引粉丝的  │  打造网红专有品牌，把 │
│     内容输出        │   品牌战略放到第一位  │
│                     │                     │
│         ┌───网红经济3.0实现───┐           │
│         │  可持续发展的四大法则 │           │
│         └───────────────────┘           │
│                     │                     │
│  建立强大的设计生产体系│  运营好社交账号，保持 │
│    以满足用户需求    │      粉丝黏性       │
└─────────────────────┴─────────────────────┘
```

第一大法则：保证持续吸引粉丝的内容输出

网红最大的生存动力就是粉丝的支持，而网红赢得粉丝支持的方式就是依靠互动输出，这种输出包括话题、各种类型内容、行为、容貌等，保证持续吸引粉丝的内容输出是网红能够持续"红"下去的基础。

第二大法则：打造网红专有品牌，把品牌战略放到第一位

网红经济3.0目前过分依赖于现有粉丝的情感支持，大多数网红都是通过这一点来获得变现，实现生存。从长远角度来看，粉丝喜好的转变与审美疲劳都是阻碍网红经济3.0可持续发展的因素。

解决这一问题的唯一方式就是打造网红专有品牌，在商业运营层面把品牌战略放在重要的位置。所谓的品牌战略是以网红为中心建立品牌识别系统、整合网红的输出内容与行为特征，通过产品、营销、包装、广告、新闻、服务等方式以网红为输出终端对粉丝群体进行品牌输出，培养粉丝群体的品牌。

同时，网红要通过各种方式来不间断地推进个人或企业品牌资产的增值。这不仅是网红个体在网红经济3.0的竞争中脱颖而出的生存之道，同时也是网红经济3.0可持续发展的重要依仗。

第三大法则：建立强大的设计生产体系以满足用户需求

在网红的变现渠道中，产品销售是大多数网红的生命线，这是由于网红采用的是意见领袖买手制的导购模式。网红的这一特征需要源源不断的优秀产品为其提供支持，因此，网红必须建立强大的设计生产体系来满足这一需要。未来，网红通过引导来实现产品变现将是常态，因此，我们把它当作网红经济可持续发展的一大法则。

第四大法则：运营好社交账号，保持粉丝黏性

网红对社交账号的运营与对粉丝黏性的维护非常重要。综观那些超级网红，如今都已拥有专业的微博、微信运营团队，在网红输出内容、引发粉丝共鸣的同时，这些团队在保证网红与粉丝互动内容的质量、频率，以及在保持粉丝黏性上都起到了至关重要的作用。

网红经济3.0可持续发展需面临的四大挑战

不管是在互联网行业，还是在网红的相关行业里，关于"网红经济3.0还能坚持多久"的讨论之声一直存在。随着网红社交的发展，粉丝社交方式与喜好口味的转变都会对网红经济造成影响，使整个产业面临严

峻挑战。

网红经济3.0作为"快消品文化符号",其生命周期到底有多长是人们普遍关注的问题。根据当下互联网新旧更迭的频率,一般情况下每三五年就是一个网络用户的迭代期,用户的喜好、口味都会发生巨大改变。因此,网红的影响力能否起到持续作用,其商业价值的延续性能否保证都有待观察。

那么,究竟网红经济3.0可持续发展要面临什么样的挑战呢?

总体来说,网红经济3.0在未来的可持续发展中,将要面临以下四大挑战:

○ 如何形成高效的粉丝黏性　○ 如何创造持续的商业价值　○ 变现　○ 粉丝的持续关注度

第一大挑战:如何形成高效的粉丝黏性

在粉丝黏性方面,从目前的情况来看,令人担心。持续的曝光是大多网红聚合粉丝的唯一方式,很多网红都面临这样的尴尬:如果三天不出现在粉丝面前,那么"掉粉"数量就会相当高。

难怪从大学就开始做网红主播、如今也是"网红"的小熊fippy就表示,如今"网红能有几个月的火红期就已经很了不起了"。甚至有业内人士表示,"网红经济3.0"其实没有粉丝,有的只是围观的群众,这也印证了"演员下了场,观众当然就会离开"的道理。

因此如何形成高效的粉丝黏性是网红经济3.0乃至网红产业面临的最

重要的挑战。

第二大挑战：如何创造持续的商业价值

众所周知，网红产业的发展依靠的是网红所体现出的商业价值，而商业价值的来源是网红的社交资产即粉丝群体。想要维持这种社交资产，网红就必须持续提供符合粉丝需求的内容。

比如，papi酱能否持续输出符合粉丝口味的短视频，对她来说就是商业价值体现的关键之处。对于网红来说，这显然是一项长期挑战。

第三大挑战：变现

虽然那些超级网红在商业化道路上有所建树，但对整个网红群体来说，超级网红的数量太少，占整个市场的规模也太小。除了网红排行榜上位居前列的网红外，大多数网红的传播并没有达到大众层面，因此其知名度与商业化程度也并不高，即使是网红排行榜里的知名网红也远远没有达到"尽人皆知"的程度。

知名度的局限性导致了整个网红群体在商业化进程中举步维艰，其变现大多只能依靠电商平台与打赏而来。

第四大挑战：粉丝的持续关注度

回顾网红经济从1.0到3.0的发展历程，我们也能够看到，网红们一直经历着更新换代。一成不变的输出方式能够让粉丝的关注度持续多久确实要打个问号。

其实这还不是最重要的问题，毕竟一个网红过气就会有另一个网红站出来"接班"，这种主角的更迭也是网红经济3.0得以延续的动力。

虽然网红经济3.0未来将面临以上的四大挑战，或许还会有更多挑战在等待网红经济3.0去面对，但不管怎么说，网红经济3.0的未来仍然值得期待。

网红经济3.0未来实现的四大目标

《2016中国电商红人大数据报告》中显示，预计2017年网红产业产值接近约690亿元人民币，这其中包括网红相关的商业销售额、营销收入以及其他环节收入。有业内人士表示，未来5到10年，网红经济3.0将进入一个新的时代。

网红经济3.0未来将会实现什么样的目标？

综观业内人士、经济学家和互联网产业相关人士对网红经济3.0的预判，网红经济3.0未来将会实现以下四大目标。

- 建立相应的监管机制，成立行业联盟
- 全方位覆盖网民群体
- 垂直领域的探索及发展
- 具有个性化、独立性的内容

第一大目标：建立相应的监管机制，成立行业联盟

在网络监管的协助下，网红经济3.0还需要更彻底地净化自身，杜绝那些违反社会道德、公众评判和公众审美的传播内容。比如，以网络直播为主的打擦边球的做法等。这是因为网红经济3.0的发展除了取决于内在的发展逻辑外，其在整个社会精神文化领域的角色定位也同样重要。

从这个角度来说，网红经济3.0在未来增强自身监管，建立相应的监管机制，成立行业联盟就显得尤为重要了。

第二大目标：全方位覆盖网民群体

随着网红社交形式的多样化，网红将呈现分散趋势。以视频直播为例，在仅仅1年时间里就呈现出爆发性增长的趋势，很多网民进入直播平台，在直播间观看直播成为新的社交娱乐方式。

相信在未来，会有更多样化的社交平台出现，这些平台与用户将成为网红影响力覆盖的目标。为了实现这一目标，网红就要通过多渠道的展现形式实施传播，这就对网红的内容呈现形式、传播方式、互动方式提出了更高的要求。

第三大目标：垂直领域的探索及发展

随着网红产业的逐步完善，网红经济3.0会向垂直化、社交化的层面继续发展，未来在很多垂直领域将逐渐出现网红的身影。

在垂直领域有一个成功的网红先例就是肖骁。

在爱奇艺自制综艺节目《奇葩说》中，肖骁因其妖娆的扮相和犀利的语言风格，赢得了粉丝的关注，成为名副其实的网红。肖骁微博粉丝以几十万的数字快速增长，并随着网红的吐槽和喜爱的双重标准快速走红。

2015年1月，肖骁受邀为美特斯邦威《奇葩说》潮葩系列潮流服装拍摄广告。同年2月，肖骁签约爱奇艺并有了一档自己的脱口秀节目《少奶奶的御花园》。爱奇艺《奇葩说》总制片人牟頔曾透露，肖骁的商业价值已经能达到6位数以上。

很显然，垂直领域将是网红经济3.0发展的重点，这也是未来互联网新兴模式的发展方向。对垂直行业的探索有助于扩展网红产业的外延，吸纳更多垂直行业企业资本，对扩大网红经济3.0产业规模起到积极的推动作用。

第四大目标：具有个性化、独立性的内容

内容是整个产业的核心竞争力，也是未来产业向前推进的核心动力。由于网红群体数量日趋庞大，网红内容生产的水平参差不齐，在竞争日趋激烈的市场中，内容同质化现象也较为严重，容易产生审美疲劳。

因此在未来，具有个性化、独立性的内容将是网红追求的方向，无论从内容形式还是传播方式上，增加内容的不可复制性与原创性都将成为网红产业发展的目标之一。

网红经济3.0可持续发展的三条路径

随着互联网时代的高速发展，网红经济3.0也将进入新的发展阶段。在预测网红经济3.0可持续发展走势的时候，我们把其总结为以下三条路径。

第一条路径：变现的多样化

由于网红本身具有社交资产，具有商业变现价值，因此网红的价值能够体现在网红经济3.0的各个方面，这也就是网红获得资本青睐的根本原因。

在未来，网红依靠价值变现的模式也将呈现多样化趋势。作为某个行业领域的意见领袖，网红的价值变现不再局限于收取广告费和电商平台分成的方式。阅读网红的文章将会收费，观看网红的视频也将会收费，甚至在商业合作中按比例分成的模式也会更普遍。

随着在这一阶段网红专业能力的增强，自主创业也将成为网红价值变现的渠道，网红可以通过创造新品牌与产品来凸显自身价值，"网红手机""网红软件""网红服装"……将纷纷出现在粉丝的面前。

借助自身专业能力，网红还可能会成为像服装设计师、时尚搭配师、频道主持人一样的行业专家，通过在专业领域的授课、分享来获得价值的体现。

第二条路径：短视频

2015年，短视频在网红传播中就开始发挥重要作用。依靠短视频走红的网红数量大幅增长。就连在国际上享有盛名的Facebook也在2016年接连收购了几家短视频公司，如今短视频广告已占到Facebook广告的一半。

短视频的兴起是因为从内容展现形式上更贴近用户喜好。首先，从认识方式的难易程度上来看，视频是比图片、声音、文字都更容易被认知的形式；其次，随着4G网络的发展，观看视频的门槛已经不复存在；最后，从用户的喜欢程度上看，如今的用户群体更喜欢看到真实场景的传播内容。

根据艾瑞2016年的统计，在中国使用时间最长的20个APP中，视频类占了7个；使用时长排在前10位的APP中，视频类占了5个。从这一数据中我们就能看到短视频的发展潜力。

第三条路径：高质量的内容

网红经济3.0是靠内容来延续的经济产业，这是因为最终是要依靠内容吸引粉丝。随着粉丝市场的成熟，仅凭"颜值"与"卖萌"的网红模式将遭遇前所未有的挑战。未来网红将以更加专业化的形态出现，因此，原创性、差异化将成为网红生产内容的标准，高质量原创内容将越来越多地出现在网红传播里。

综合这三条路径，作为网红经济3.0的中心，网红在未来将打破人们固有的眼光，以崭新的专业形象出现在粉丝面前，网红经济3.0也将因此走向下一个发展阶段。